drape drape
the best

ドレープ ドレープ ザ ベスト

佐藤ヒサコ
Hisako Sato

文化出版局

Contents

2009年に初版『drape drape』が発売され、翌年に『drape drape2』、
その翌年に『drape drape3』と3年間にわたり3冊出版されました。
最初は素材がジャージーで縫いづらい、パターンが大きくて作りづらい、
生地の用尺がかかる！といった意見が寄せられました。
洋裁本にしては作るのが難しい？ 洋裁本だが作らず眺める本……？
洋裁本としてはありえない！ 洋裁本なのにカッコイイ！ など
いろいろなご意見をいただきました。
ポジティブな意見ばかりではなかったけれど
気がつくとInstagram、FacebookなどのSNSで
実際に自分で縫って自分の着用写真をupしてくれている人が世界中にいて、
英語版、仏語版など他言語版を購入してくださったたくさんのかたがたが
『drape drape』を作り着用し、楽しんでくれていました。

今回はこの『drape drape』シリーズ3冊を1冊にまとめました。
『drape drape the best』の服は1枚のパターンでできているものや
前身頃と後ろ身頃2枚のパターンでできているものなど
パーツ数が少ないのが特徴です。
形がおもしろいパターンが多く、最初は難しいと思いますが、
組み立てていくとシルエットがドレープになって作っていくと楽しくなります。

この本でたくさんのかたが作り、着用し、
ちょっと笑顔になってくれたら私自身幸せです。

佐藤ヒサコ

no. 1 drape drape dress page 58

no. 2 drape drape dress page 62

no. 3 drape drape dress   page 66

no. 4 drape drape all-in-one page 70

no.7 tuck drape skirt   page 74

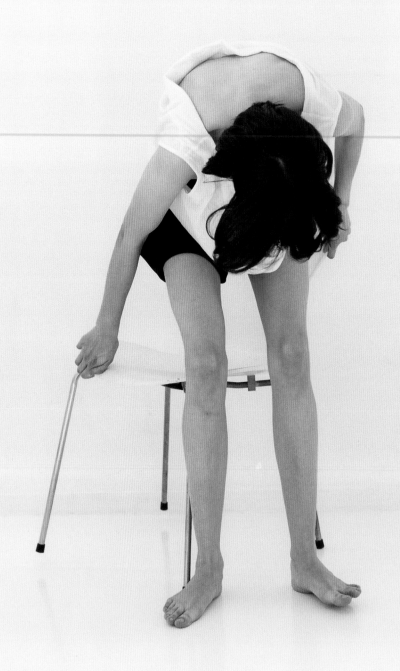

no. 5 + no. 6   page 69, 72

no. 8 tuck drape dress page 80

no.10 gather drape dress   page 82

no.11 drape top   page 84

no.13 gather drape blouse page 87 + no.14 tuck drape pants page 92

no.15 drape dress page 94

no.16 drape dress page 97

no.17 string drape dress page 100

no.18 twist drape dress page 102

no.19 tuck drape dress page 105

no.20 gather drape wrap dress   page 108

no.22 drape blouse page 112

no.23 drape drape gather dress   page 114

no.24 gather drape top   page 116

no.25 tuck drape pants   page 118

How to Make

付録の実物大パターンとサイズについて

この本で紹介した全作品の実物大パターンが付録としてついています。デザインによって、フリーサイズの作品、S、M共通とML、L共通の2サイズ展開の作品、S、M、ML、Lの4サイズ展開の作品があります。
サイズ表を確認し、パターンサイズを選んでください。また、実物大パターンはすべて縫い代つきです。タックなどたたんだときの縫い代の形と合い印の位置がとても重要になりますから、丁寧に写し取ってください。突き合わせる印は紙面の煩雑さを軽減するためかなりずらしているところがあります。線の端と端をそろえて突き合わせて写します。

サイズ表

	サイズ	S	M	ML	L
ヌード寸法	身長	153	158	163	168
	バスト	78	82	86	90
	ウエスト	58	62	66	70
	ヒップ	84	88	92	96

（単位はcm）

「ドレープ ドレープ」を表現するためのテクニックは、たるみ（写真1）、タック（写真2）、ギャザー（写真3）、それらのテクニックを混合したドレープ ドレープ（写真4）です。
どれもが素材特有の美しい動きがポイントになります。この本で使用した素材は、木綿、ウール、トリコット、シルクとさまざまです。作品のイメージそのままに作り上げるには作品の素材を使うのが一番いいのですが、全く同じ素材が手に入らない場合が多いものです。素材が変わるとドレープの流れや量感が多少変化することを楽しみながら挑戦してください。

1

2

3

4

✱ 素材について

一般的な木綿やウールの織り地の布帛の扱い方は難しくありません。しかし、木綿、ウール、シルクでも伸縮するスムース（写真1）や天竺（写真2）などの編み地の布などは、ミシン針やミシン糸、縫合せの方法も違います。53ページでニット素材の基本の縫い方について詳しく解説していますから参考にしてください。

✱ 準備

1 地直し

木綿やウールはスチームアイロンの蒸気や水分を与えると縮むことがあります。また布地自体がゆがんでいる場合もありますから、裁断をする前に地直しをしておきましょう。

織り地の布帛（写真3）は、まずよこ糸を抜いて裁ち端をまっすぐにカットします。スムース（写真1）や天竺（写真2）の編み地は糸が抜けないので横の編み目にそってまっすぐカットしてください。

次に木綿は2〜3時間水に浸し、絞らずに陰干しします。生乾きのうちにアイロンをかけますが、このとき布の耳を合わせて二つ折りにして裁ち端がずれてしまうのはゆがんでいる証拠。ゆがんだ方向とは逆になるバイアスの方向に布を引っ張って布目を整え、アイロンをかけます。

ウールは全体にスチームアイロンをかけて、よこ糸とたて糸が直角に交わるように布目を整えます。

シルクは全体にドライアイロンをかけて布目を整える程度にしましょう。

〈スムース〉両面編み、裏表とも同じ編み目が見える。裁ち端は落ち着いている。

〈天竺〉平編み、表と裏の編み目の外観が異なる。裁ち端が表側に丸まりやすい。

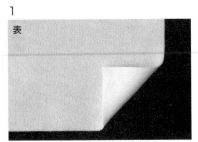

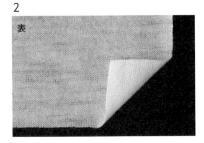

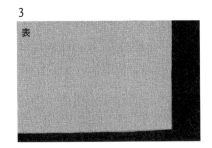

2 裁断と印つけ

左右対称のデザインの場合は、布を外表に二つに折り、
縫い代つきパターンをのせて重しで押さえます。裁切
り線をチョークでしるします（写真1）。2枚重ねた布地
が動かないようにそっとパターンを外し、裁切り線の
印の際をまち針でとめ直します。裁切り線の印の位置
をはさみでカットします。伸縮素材やトリコットなど、
2枚重ねてはさみでカットしたときに、布地が刃に押さ
れて大きくずれてしまう場合は、左右1枚ずつ裁切り線
の印をつけて裁断すると正確です。合い印にはノッチ
（5mmくらいの切込み）を入れ、複数のタック位置がノッ
チだけではわかりにくい場合は、しつけ糸で縫いじ
つけをします。このとき山折りと谷折りでしつけ糸の
色を変えると、タックの方向を間違えないでたたむこ
とができます（no.9のパターンの図A、B）。

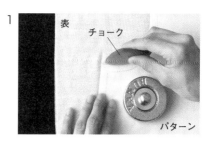

表　チョーク　パターン

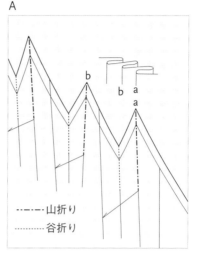

A

―・―・山折り
――――谷折り

no.9

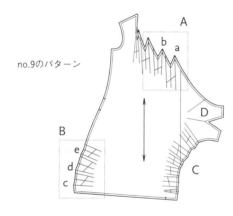

no.9のパターン

A b a
B e d c C D

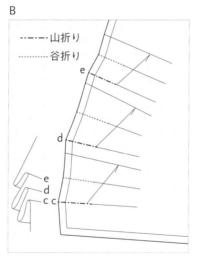

B

―・―・山折り
――――谷折り

3 芯はり

見返しなどのしっかりさせたい部分には接着芯をはり
ます。接着芯は接着剤がついた面を布の裏面と合わせ、
ドライアイロンで軽く押さえて仮どめします。接着剤
が芯の基布から染み出してアイロンにつかないよう
に、ハトロン紙や当て布をした上から今度はしっかり
アイロンをかけます。接着芯をはった布地は、あら熱
が取れるまではくせがつきやすいので、動かさないよ
うにしてください。伸止めにはる接着テープは、肩線
などの直線は縫い線に2、3mmかけてはります。袖ぐ
りなどのカーブになった部分にはる場合は、まずつけ
位置の寸法が長くなる外回りに軽くはります（写真2）。
次に浮いた接着テープをアイロンでつぶすようにしま
す（写真3）。布の伸縮性になじませたいけれど伸ばし
たくない伸縮素材にはニット状の接着テープをはりま
す（写真4）。接着テープをはった部分は案外かたくな
ります。縁とりをする衿ぐりや袖ぐりの部分には接着
テープをはっていませんが、どうしても伸びてしまう
場合は、縁とり幅に収まるように細くテープをカット
してはってください。

2　裏　接着テープ

3　裏

4

＊タックのたたみ方

no.9のAの部分

正確に裁断し印をつけた布地（写真1）は、タックの方向をパターンで確認しながらたたんでいきます。このとき縫い代の裁ち端をきちんと合わせてたたみます（写真2、3）。まち針をとめたらすぐ縫い代にしつけをかけましょう（写真4）。Bの部分も同様にたたみます（写真5〜7）。C、Dも続けてたたみますが、それぞれタックの方向が異なるので、注意してください（写真8、9）。

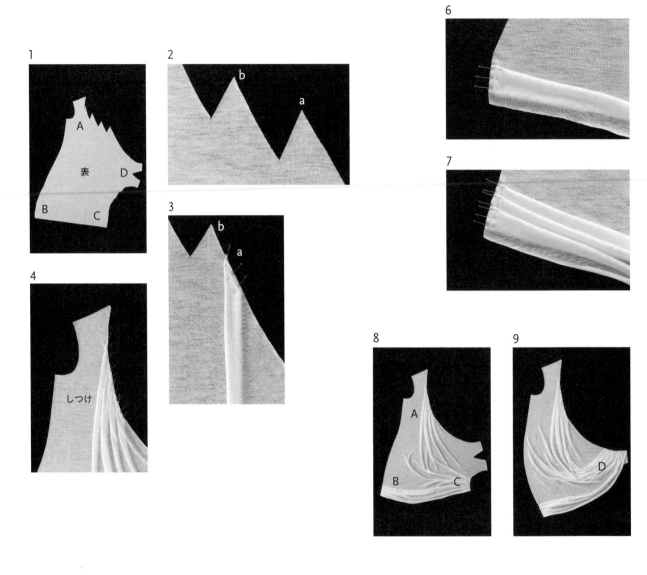

＊ギャザーの寄せ方

出来上り線より縫い代側に針目を大きくした粗ミシンをかけ、上糸か下糸の一方を引いてギャザーを寄せます。このときアイロンマットの上に布を置き、糸を引く反対側をまち針で固定するとギャザーを寄せるのが楽にできます（写真10）。ギャザーの流れを整えながら、縫い代にアイロンをかけて押さえておきます（写真11）。

ニット素材の基本の縫い方

〈針と糸〉

ニット素材には専用の針と糸を用意します。これでほとんどのニット素材は普通に縫うことができます。ミシン針は針穴から先端までが長く、先が丸いボールポイント針というニット専用の針(写真1)です。布への負担が少ないので縫いやすく、地糸切れを防ぎます。ミシン糸はナイロン製でわずかに伸びて布の動きにフィットするレジロンやレオナ66がニット専用ミシン糸(写真2)です。布帛用のミシン糸だと伸びに対応できず、糸切れするので必ずニット専用糸を使用しましょう。

1

2

〈ミシン、ジグザグミシン、ロックミシン〉

一般的な直線ミシンやジグザグミシンだけでも縫うことができます。ただ、柔らかく薄いニット素材にジグザグミシンをかけると、縮んでしまうことがあります(写真3)。縫う前に必ず試し縫いをしてください。このような場合は、布地1枚だけにジグザグミシンをかける裁ち端の始末は避けたほうがいいでしょう。裁ち端の始末には、きれいに手早くできるロックミシン(写真4)をおすすめします。Tシャツの裾上げのように裁ち端の縁かがりと押えミシンが一度にかけられる専用のインターロックミシン(写真5)も便利です。
ここではそれぞれのミシンに合わせた基本の縫い方を紹介します。お手持ちのミシンに合った方法を選んでください。

3

4

5

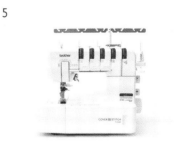

〈基本縫い〉

ニット素材にミシンをかける場合、布地1枚の状態で裁ち端の始末をすると、それだけで多少伸びてしまうことがあります。2枚の布を重ねた縫い線のミシンを先にかけてから、それぞれの方法で始末します。

〈縫い代の始末 – 割る〉

● 捨てミシン（写真1〜3）

布を中表に合わせ、縫い線にミシンをかけます。縫い代を縫い線から割り、裁ち端から0.3cmに捨てミシンをかけます。

薄く柔らかいニット素材は、縫始めがミシンの針落ちに引かれて入り込み、針目が詰まってしまうことがあります。そんなときは、ハトロン紙を布の下に敷いて一緒にミシンをかけます（写真4）。縫い終わったらハトロン紙はミシン目から糸を引っ張らないように静かに破り、取り除きます。

● 3本ロックミシン（写真5〜7）

布を中表に合わせ、縫い線にミシンをかけます。縫い代を縫い線から割り、裁ち端にロックミシンをかけます。

1
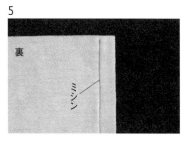

2

3
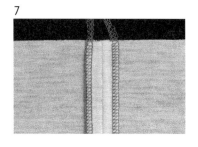

4

5

6
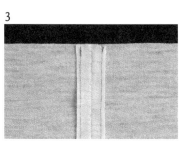

7
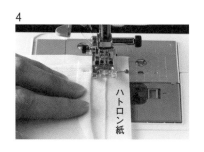

〈縫い代の始末 — 片側に倒す〉

● 捨てミシン（写真1～3）

布を中表に合わせ、縫い線にミシンをかけます。裁ち端から0.3cmに捨てミシンをかけます。布を開いて縫い代を縫い線から片側に倒し、アイロンで押さえます。

● 3本ロックミシン（写真4～6）

布を中表に合わせ、縫い線にミシンをかけます。縫い代は2枚一緒にロックミシンをかけます。布を開いて縫い代を縫い線から片側に倒し、アイロンで押さえます。

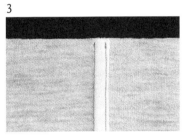

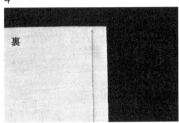

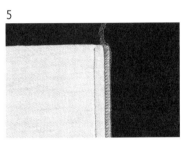

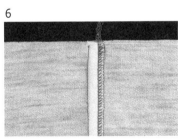

● ジグザグミシン（写真7～9）

布を中表に合わせ、縫い線にミシンをかけます。縫い代は2枚一緒にジグザグミシンをかけます。布を開いて縫い代を縫い線から片側に倒し、アイロンで押さえます。

● 4本ロックミシン（写真10、11）

4本ロックは地縫いも兼ねているので布を中表に合わせ、縫い線にロックミシンをかけます。布を開いて縫い代を縫い線から片側に倒し、アイロンで押さえます。

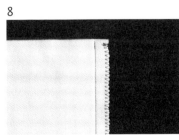

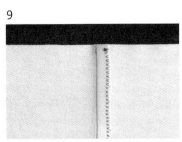

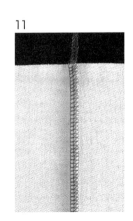

〈裾上げ－二つ折り〉

◎ 捨てミシン（写真1、2）

裾を出来上り線からアイロンで二つ折りにします。折り代にステッチをかけて押さえます。

◎ 3本ロックミシン（写真3〜5）

折り代の裁ち端にロックミシンをかけます。裾を出来上り線からアイロンで二つ折りにします。ロックミシンのかがり目にかかるようにステッチをかけて押さえます。

1

2

3

◎ インターロックミシン（写真6、7）

折り上げた布をロックミシンのかがり目のような広幅の環縫いで押さえることができるミシンです。折り代の裁ち端にかかるようにかけると始末と押えミシンを一度にかけることができます。ただ、普通のロックミシンのように布を裁ち落としながらかがることはできません。

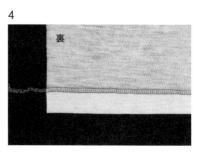

4

5

6

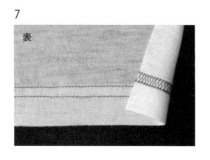

7

作品の衿ぐりや袖ぐりのカーブになった部分の始末の方法です。ドレープの流れを自然にさせるため、縁とり幅を細く仕上げるのがポイントです。ただ、カーブを伸ばさないように注意してください。

〈 縁とりのしかた 〉

両折りの縁とり布を作って（写真1、2）始末する方法です。ニット素材の場合、伸びる横地になるように布地を裁断します。両折りの場合、縁とり幅×4の寸法でカットし、テープメーカーに通してアイロンで折り目をつけます。縁とり位置の裏に縁とり布をのせ、縫い線を伸ばさないようにつけミシンをかけます（写真3）。表に返し、縁とり布の折り山の際をステッチで押さえます（写真4、5、6）。このとき、縁とり布つけのミシン目が見えないように注意しましょう。

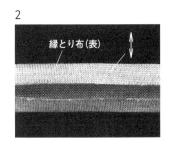

縁とり布（表）

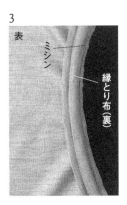

3　表　ミシン　縁とり布（裏）

4　裏　縫い目に折り山を重ねてまち針をとめる　縁とり布（裏）

5　裏　折り山の際にステッチ

6　表

〈 縁とりの応用 ― 細見返し 〉

縁とり幅が細いと、両折りの縁とり布をニット素材で作るのは大変です。そんなときは一方の裁ち端をロックミシンで始末して裏側は折り込まない細見返しの方法で始末しましょう。まず縁とり位置には縁とり幅分の縫い代を追加して裁断してください。見返し布は幅（◎）×3の寸法でカットし、片端にロックミシンをかけます（写真7）。出来上り位置の表に見返し布をのせ、縫い線を伸ばさないようにつけミシンをかけます（写真8）。裏に返し、縁とり幅のステッチで押さえます（写真9、10、11）。

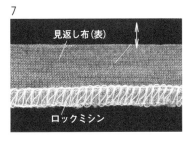

7　見返し布（表）　ロックミシン

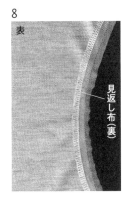

8　表　見返し布（裏）

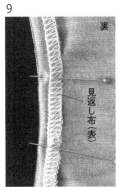

9　裏　見返し布（表）

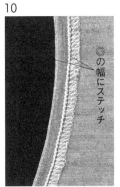

10　◎の幅にステッチ

11　表

ドレープ ドレープ ドレス

◆必要なパターン（2面）

後ろ身頃（表・裏）、表前身頃、裏前身頃、後ろウエスト布（表・裏）、
前ウエスト布（表・裏）、前後スカート（前側と後ろ側を突き合わせる）

◆ 縫い方順序

※ 表ウエスト布に接着芯をはる。

1 表前にギャザーを寄せる。

2 裏前のダーツを縫う。

3 表、裏身頃の肩をそれぞれ縫い
  合わせる。

4 表、裏身頃の衿ぐりを縫い合わ
  せる。→図

5 表、裏身頃の袖ぐりを中表に合
  わせ、脇から3〜4cmを残して
  縫い、表に返す。

6 表身頃、裏身頃の脇をそれぞれ
  縫い合わせる。

7 縫い残した袖ぐりを中表に縫
  う。→図

8 前中心を合わせて左右の前身頃
  を重ね、仮どめする。→図

9 表、裏ウエスト布の脇をそれぞ
  れ縫い合わせる。

10 表、裏ウエスト布を中表に合わ
   せ、上側に身頃をはさんで縫う。

11 前後スカートのタックをたたん
   で仮どめする。→図

12 スカートの前中心を縫い合わせ
   る。

13 スカートの後ろ中心のあき止り
   から下を縫う。

14 裾を三つ折り端ミシンで始末。

15 表ウエスト布とスカートを縫い
   合わせる。

16 裏ウエスト布の下側を落しミシ
   ンで押さえる。

17 後ろ中心にコンシールファスナ
   ーをつける。→図

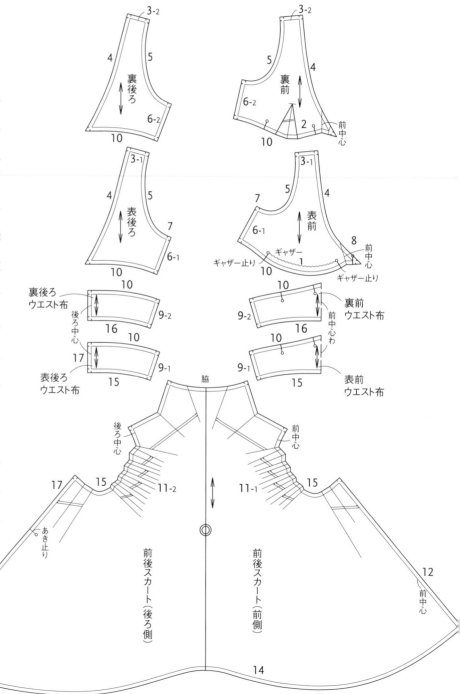

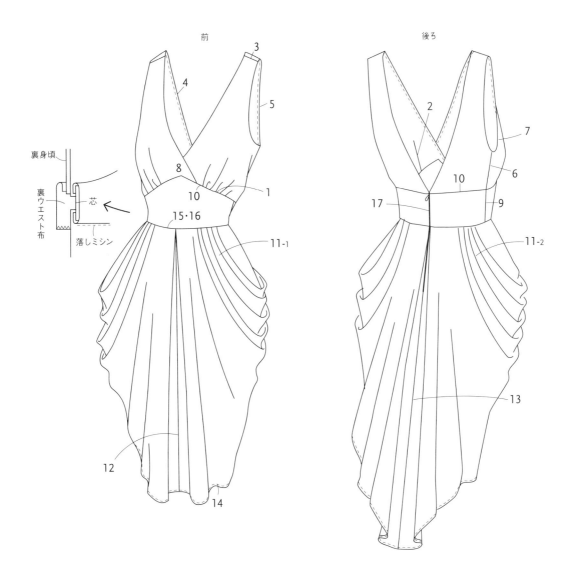

前　　　　　後ろ

裏身頃
裏ウエスト布
芯
落しミシン

3
4
5
8
10
1
15・16
11-1
12
14

2
7
6
10
17
9
11-2
13

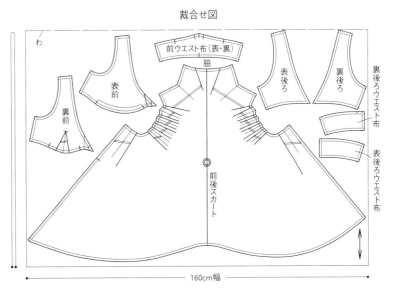

裁合せ図

わ
前ウエスト布（表・裏）
脇
表前
裏前
表後ろ
裏後ろ
裏後ろウエスト布
表後ろウエスト布
前後スカート

160cm幅

◆　使用量
　表布（マットジャージー）
　＝160cm幅
　（S、M）2m
　（ML、L）2m10cm
　接着芯＝90cm幅20cm
　56cmのコンシールファ
　スナー1本

4 表、裏身頃の衿ぐりを縫い合わせる

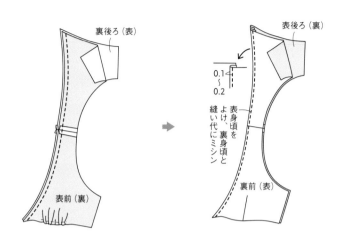

裏後ろ（表）

表後ろ（裏）

0.1
～
0.2

表身頃をよけ、裏身頃と縫い代にミシン

裏前（表）

表前（裏）

7 縫い残した袖ぐりを中表に縫う

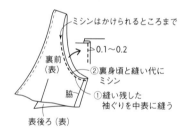

ミシンはかけられるところまで

0.1～0.2

裏前（表）

②裏身頃と縫い代にミシン

脇

①縫い残した袖ぐりを中表に縫う

表後ろ（表）

8 前中心を合わせて左右の前身頃を重ね、仮どめする

裏後ろ（表）

表前（表）

前中心を合わせて左右を重ね、縫い代にミシン

11 前後スカートのタックをたたんで仮どめする

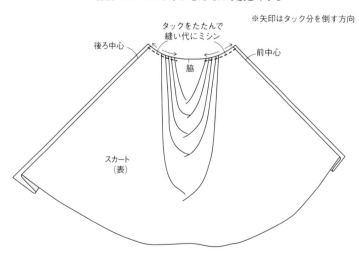

※矢印はタック分を倒す方向

タックをたたんで縫い代にミシン

後ろ中心

脇

前中心

スカート（表）

17 後ろ中心にコンシールファスナーをつける

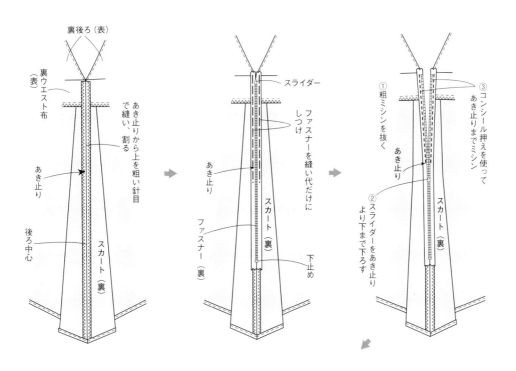

裏後ろ（表）

裏ウエスト布（表）

あき止りから上を粗い針目で縫い、割る

あき止り

後ろ中心

スカート（裏）

スライダー

ファスナーを縫い代だけにしつけ

あき止り

スカート（裏）

ファスナー（裏）

下止め

① 粗ミシンを抜く

あき止り

② スライダーをあき止りより下まで下ろす

スカート（裏）

③ コンシール押えを使ってあき止りまでミシン

コンシール押えを使ってあき止りまでミシン

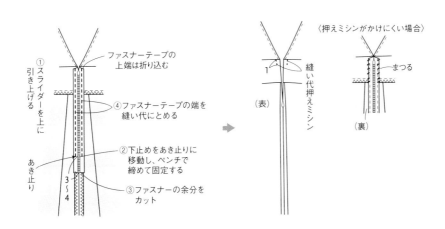

① スライダーを上に引き上げる

ファスナーテープの上端は折り込む

④ ファスナーテープの端を縫い代にとめる

② 下止めをあき止りに移動し、ペンチで締めて固定する

③ ファスナーの余分をカット

あき止り

3〜4

1

（表）

縫い代押えミシン

〈押えミシンがかけにくい場合〉

まつる

（裏）

no.2 drape drape dress

ドレープ ドレープ ドレス

◆必要なパターン（2面）

前身頃（おおい布側、衿側、裾側、裾脇側を突き合わせる）、
後ろ身頃（おおい布側、衿側、裾側を突き合わせる）、
おおい布通し、後ろ見返し、前見返し、裏前身頃、
裏後ろ身頃

◆ 縫い方順序

※ 前後見返しに接着芯をはる。

1 前後おおい布の外回りを三つ折り端ミシンで始末する。→図

2 後ろ身頃衿側のタックをたたむ。→図

3 前身頃衿側のタックをたたむ。→図

4 身頃、見返しの肩をそれぞれ縫い合わせる。→図

5 おおい布通しを作り、左肩に仮どめする。→図

6 衿ぐりを見返しで縫い返す。→図

7 袖ぐりを見返しで縫い返す。

8 身頃と見返しの脇を続けて縫い、袖ぐりの縫い代に押えミシンをかける。

9 前身頃衿側のタックを整え、おおい布通しの陰で縫いとめる。→図

10 裏布の脇を縫う。

11 表身頃裾側のタックをたたみ、裏布の裾と縫い合わせる。

12 裏身頃の上端縫い代を折り、見返しにまつりつける。

◆ 使用量

表布（マットジャージー）
＝150cm幅
3m10cm
裏布（ニット用）
＝90cm幅
（S）1m50cm、（M）1m60cm
（ML）1m70cm、（L）1m80cm
接着芯（ニット用）
＝90cm幅30cm

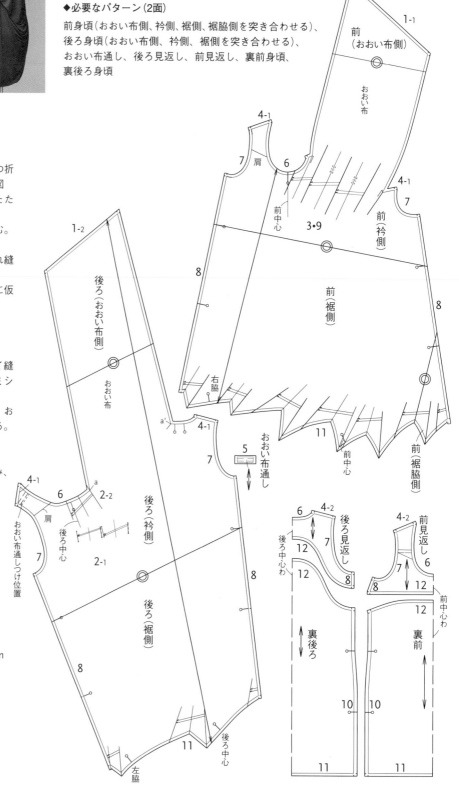

前　　　　　　　　　　　　　　　　　左脇(後ろ→p.64)

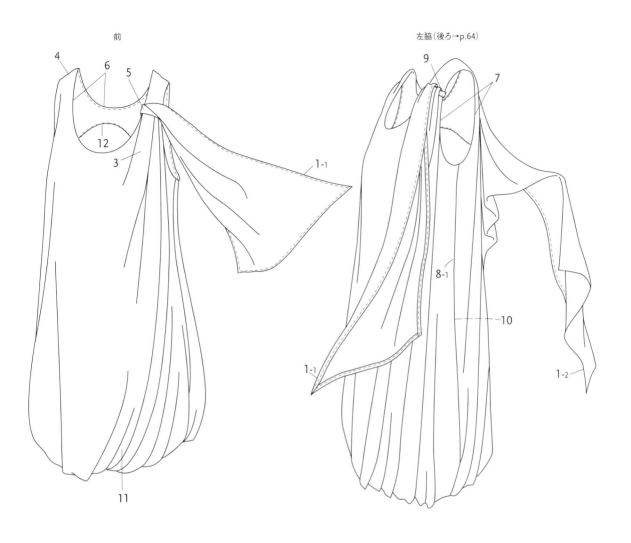

4　6　5

12

3

1-1

9

7

8-1

1-1

10

1-2

11

裁合せ図

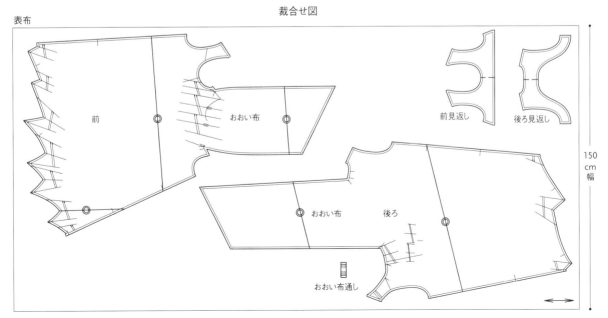

表布

前

おおい布

前見返し　後ろ見返し

おおい布　　後ろ

おおい布通し

150
cm
幅

63

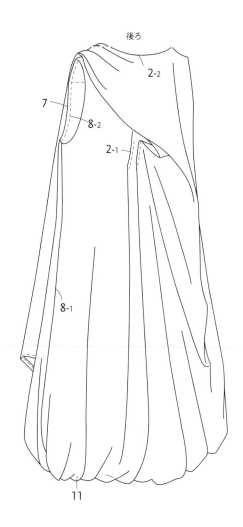

後ろ

2-2

7

8-2

2-1

8-1

11

1 前後おおい布の外回りを三つ折り端ミシンで始末する

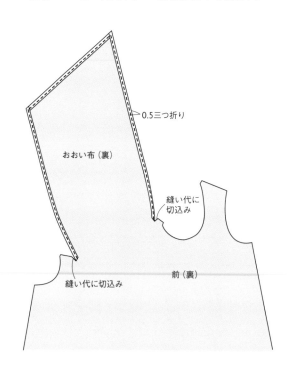

0.5三つ折り

おおい布（裏）

縫い代に切込み

前（裏）

縫い代に切込み

2 後ろ身頃衿側のタックをたたむ

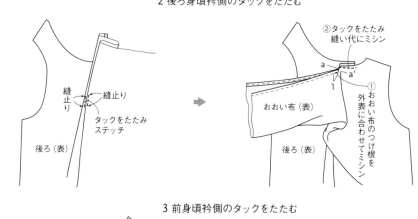

縫止り

縫止り

タックをたたみ
ステッチ

後ろ（表）

②タックをたたみ
縫い代にミシン

a

a'

おおい布（表）

後ろ（表）

①おおい布のつけ根を
外表に合わせてミシン

3 前身頃衿側のタックをたたむ

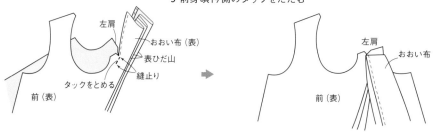

左肩

おおい布（表）

表ひだ山

縫止り

タックをとめる

前（表）

左肩

おおい布

前（表）

4 身頃、見返しの肩をそれぞれ縫い合わせる

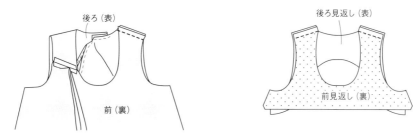

後ろ（表）

前（裏）

後ろ見返し（表）

前見返し（裏）

5 おおい布通しを作り、左肩に仮どめする

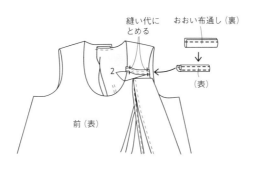

縫い代に
とめる

おおい布通し（裏）

2

（表）

前（表）

6 衿ぐりを見返しで縫い返す

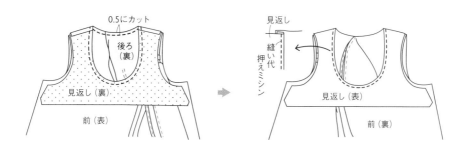

0.5にカット

後ろ
（裏）

見返し（裏）

前（表）

見返し

縫い代

押えミシン

見返し（表）

前（裏）

9 前身頃衿側のタックを整え、おおい布通しの陰で縫いとめる

おおい布

後ろ
（表）

前（表）

押えミシンに
重ねて、見返し
まで通してミシン

後ろ
（表）

タックをたたんで
整える

おおい布通しの
陰にミシン

前（表）

no.3 drape drape dress

ドレープ ドレープ ドレス

◆必要なパターン（4面）
前身頃（衿ぐり側、中側、裾側を突き合わせる）、
後ろ身頃（衿ぐり側、裾側を突き合わせる）
※S、Mは右側と左側も突き合わせる

◆ 縫い方順序

1 前後とも裾を出来上りに折って
　ステッチ。
2 前後とも衿ぐりの縫い代を折っ
　てステッチ。→図
3 前身頃、後ろ身頃のタックをそ
　れぞれたたみ、仮どめする。
　→図
4 肩を縫い合わせる。
5 袖ぐりを縁とり布で始末する。
　→図
6 脇を縫い合わせる。

◆ 使用量

表布（マットジャージー）
＝150cm幅
（S、M）3m
（ML、L）3m20cm

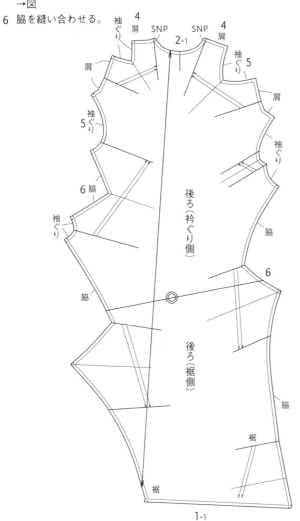

1-1

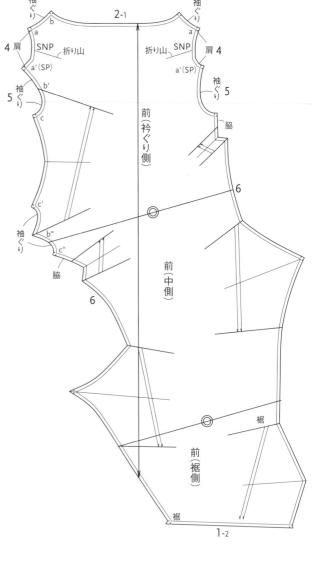

1-2

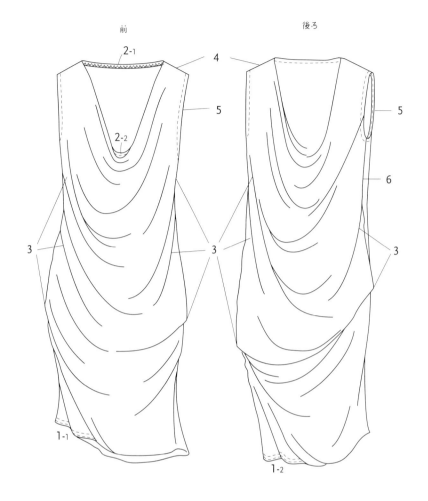

前　　　　　　　　　　後ろ

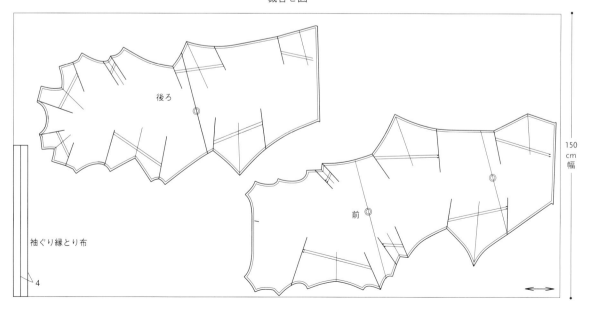

裁合せ図

後ろ

前

袖ぐり縁とり布

150 cm 幅

2 前後とも衿ぐりの縫い代を折ってステッチ

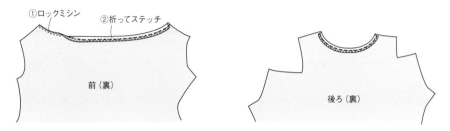

①ロックミシン　②折ってステッチ

前（裏）

後ろ（裏）

3 前身頃、後ろ身頃のタックをそれぞれたたみ、仮どめする

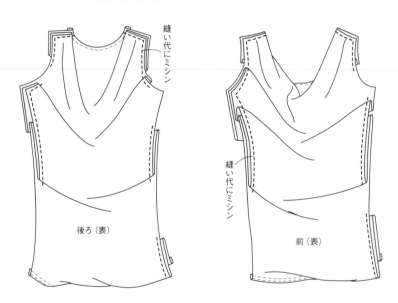

縫い代にミシン

後ろ（表）

縫い代にミシン

前（表）

5 袖ぐりを縁とり布で始末する

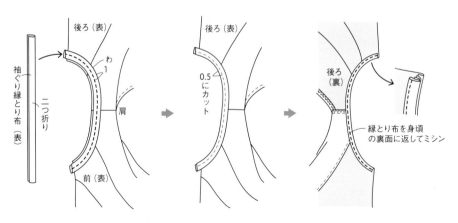

袖ぐり縁とり布（表）

二つ折り

後ろ（表）

わ

1

肩

前（表）

後ろ（表）

0.5
にカット

後ろ（裏）

縁とり布を身頃
の裏面に返してミシン

no.5 loose drape top

ルーズ ドレープ トップ

◆ 必要なパターン（3面）
前身頃、後ろ身頃、縁とり布

◆ **縫い方順序**
1 肩を縫い合わせ、縫い代を後ろ
  に倒す。
2 衿ぐりの見返し端を巻きロック
  ミシンで始末する。
3 衿ぐり見返しを出来上りに折る。
4 袖ぐりを縁とりする。→図
5 脇を縫い合わせ、縫い代を後ろ
  に倒す。
6 裾を折り上げてステッチ。

◆ **使用量**
表布（シルクウール天竺）
＝ 140cm幅
（S、M）80cm
（ML、L）90cm

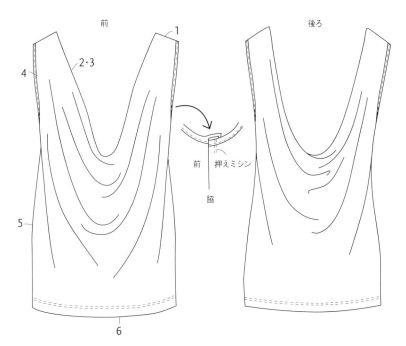

4 袖ぐりを縁とりする

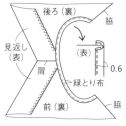

※縁とりのしかたは111ページ

裁合せ図

140cm幅

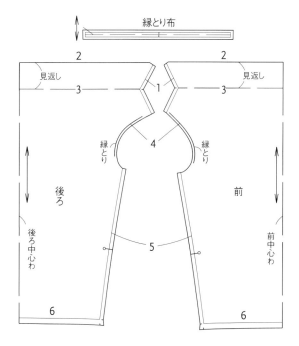

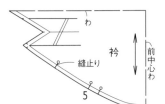

ドレープ ドレープ オールインワン

◆ 必要なパターン（1面）
前後身頃（前側と後ろ側を突き合わせる）、
衿

◆ 縫い方順序

1 後ろ衿ぐり、前後の袖ぐりの縫い代を、それぞれ縫止りまで折ってステッチで押さえる。

2 股下を縫い合わせる。

3 裾を折り上げてステッチ。

4 前後の股ぐりを続けて縫い合わせる。

5 前中心のタックを中縫いし、タックをたたむ。衿のタックをたたみ、前衿ぐりにつける。→図

6 後ろのタックを中縫いし、後ろ中心にとめる。→図

7 肩を縫い合わせる。

8 袖ぐり、衿ぐりの縫止りから上の肩の部分を、前後に分けて縫い合わせて筒状にする。→図

◆ 使用量
表布（シルク天竺）
＝150cm幅
（S、M）2m40cm
（ML、L）2m60cm

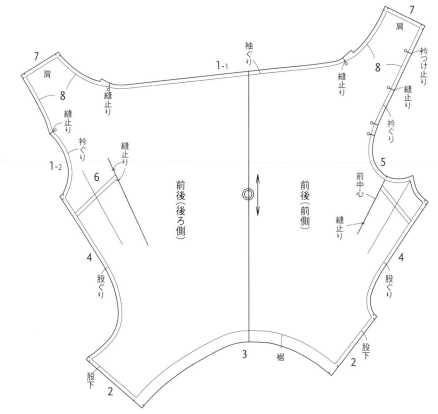

裁合せ図

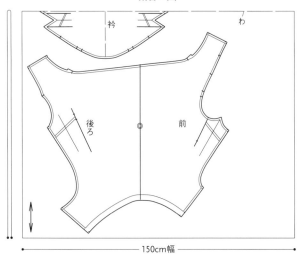

150cm幅

6 後ろのタックを中縫いし、後ろ中心にとめる

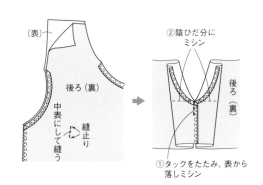

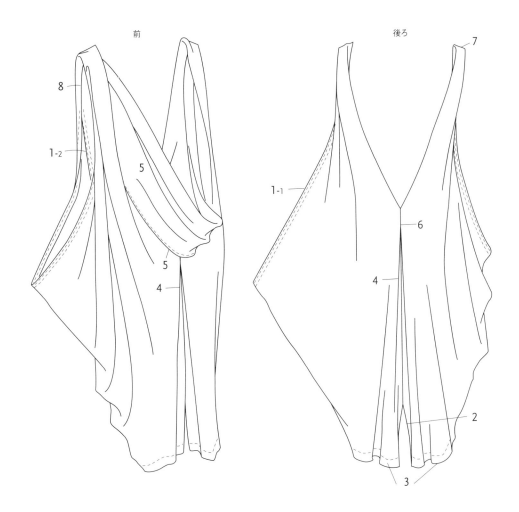

前　　　　　　　　　　　　　後ろ

8
1-2
5
5
4

7
1-1
6
4
2
3

5 前中心のタックを中縫いし、タックをたたむ。
　衿のタックをたたみ、前衿ぐりにつける

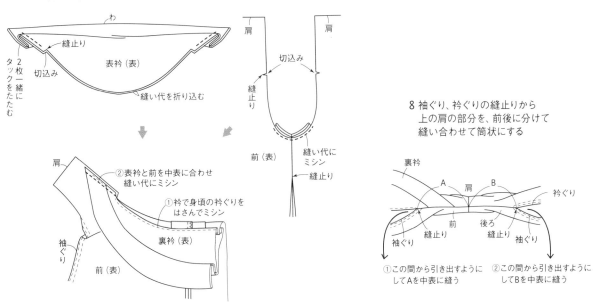

わ
縫止り
2枚一緒にタックをたたむ
切込み
表衿 (表)
縫い代を折り込む

肩　　　肩
切込み
縫止り
前 (表)
縫い代にミシン
縫止り

肩
②表衿と前を中表に合わせ縫い代にミシン
①衿で身頃の衿ぐりをはさんでミシン
3
裏衿 (表)
袖ぐり
前 (表)

8 袖ぐり、衿ぐりの縫止りから
　上の肩の部分を、前後に分けて
　縫い合わせて筒状にする

裏衿
A　肩　B
衿ぐり
前　後ろ
袖ぐり　縫止り　縫止り　袖ぐり

①この間から引き出すように
　してAを中表に縫う
②この間から引き出すように
　してBを中表に縫う

no.6 tuck drape pants

page 5, 11, 14

タック ドレープ パンツ

◆ 必要なパターン(3面)

前パンツ、後ろパンツ、ウエストベルト、裾カフス

◆ 縫い方順序

1 前後の股上をそれぞれ縫い合わせる。

2 前後のウエストタックをそれぞれたたみ、仮どめする。→図

3 脇を縫い合わせる。

4 股下を左右続けて縫い合わせる。

5 ウエストベルトの脇、裾カフスの股下を縫い合わせて、輪にする。このときゴムテープ通し口を縫い残す。→図

6 ウエストベルトをつける。→図

7 裾カフスをつける。

8 ウエストベルトと裾カフスにゴムテープを通す。

◆ 使用量

表布(ポリエステルスムース)
=150cm幅
(S、M)2m
(ML、L)2m20cm
3cm幅のゴムテープ　適宜

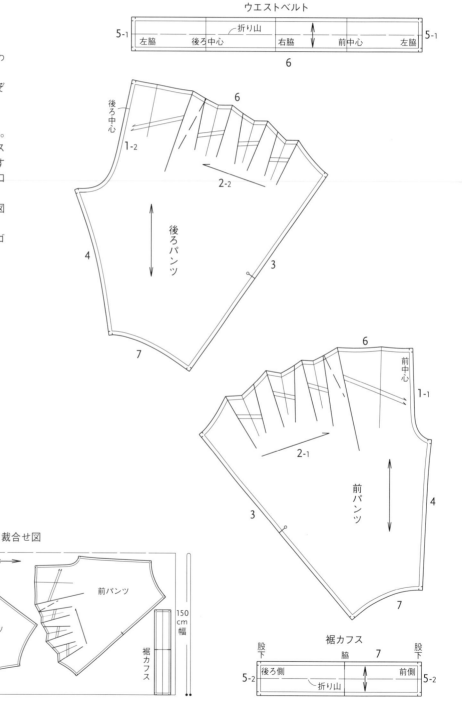

ウエストベルト

後ろパンツ

前パンツ

裾カフス

裁合せ図

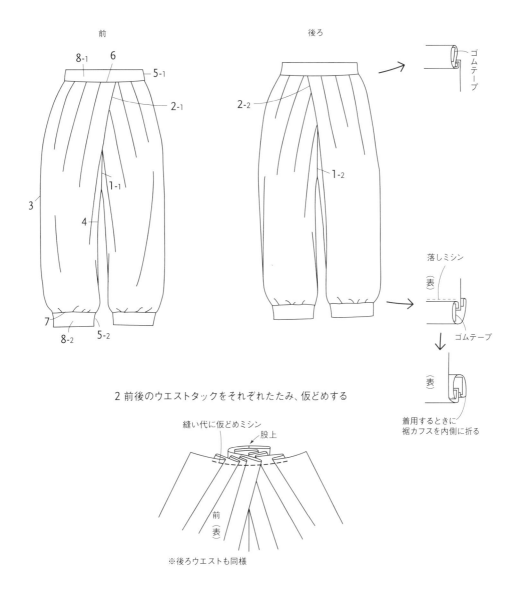

前

後ろ

8-1　6
5-1
2-1
1-1
3
4
7
8-2　5-2

2-2
1-2
2-2

ゴムテープ

落しミシン
（表）
ゴムテープ

（表）

着用するときに
裾カフスを内側に折る

2 前後のウエストタックをそれぞれたたみ、仮どめする

縫い代に仮どめミシン
股上

前
（表）

※後ろウエストも同様

5 ウエストベルトの脇、裾カフスの股下を
縫い合わせて、輪にする

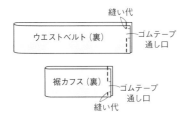

縫い代
ウエストベルト（裏）
ゴムテープ
通し口

裾カフス（裏）
ゴムテープ
通し口
縫い代

6 ウエストベルトをつける

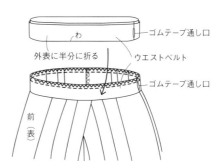

わ
ゴムテープ通し口
ウエストベルト
外表に半分に折る
ゴムテープ通し口
前
（表）

no.7 tuck drape skirt

タック ドレープ スカート

◆必要なパターン(1面)
スカート(前・後ろ)、
ドレープ布(上、右裾、左裾を突き合わせる)、
ウエストベルト

◆ 縫い方順序

1 スカートの脇を縫う。後ろ脇の
　上に前脇を重ねてステッチで押
　さえる。

2 ドレープ布の裾を始末する。
　→図

3 ドレープ布のタックをたたむ。
　→図

4 スカートの表面にドレープ布を
　重ね、ウエストにしつけをする。

5 ウエストベルトの両端を縫い合
　わせて輪にする。

6 ウエストベルトをつける。スカ
　ートとベルトの合い印を合わ
　せ、スカートに合わせてベルト
　を伸ばしながらミシンをかける。

◆ 使用量

表布A(スムース)
＝150cm幅1m40cm
表布B(合成皮革)
＝110cm幅50cm
ゴムテープ(ウエストベルト分)
＝6cm幅を(S)68cm、(M)72cm、
(ML)76cm、 (L)80cm

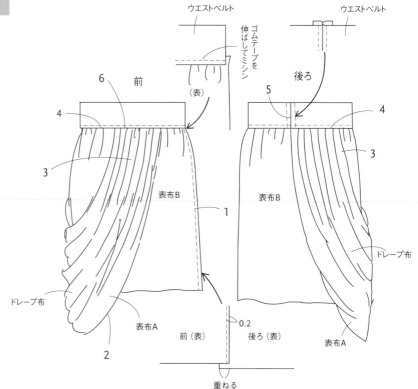

裁合せ図

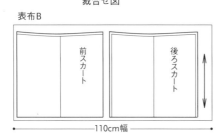

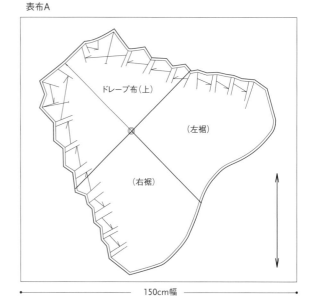

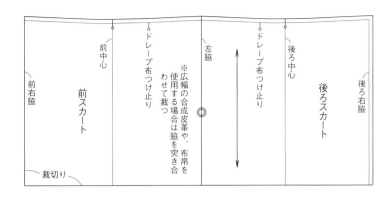

前右脇

前中心

前スカート

ドレープ布つけ止り

※広幅の合成皮革や、布帛を使用する場合は脇を突き合わせて裁つ

裁切り

左脇

ドレープ布つけ止り

後ろ中心

後ろスカート

後ろ右脇

ウエストベルト（ゴムテープ）

5

後ろ中心　　右脇　　前中心　　左脇

5

6

ドレープ布つけ止り

4・6

左脇

ドレープ布つけ止り

後ろ中心

後ろスカート

右脇

1-2

1-1

裁切り

4・6

右脇

前中心

ドレープ布つけ止り

前スカート

左脇

1-1

1-2

裁切り

裁切り

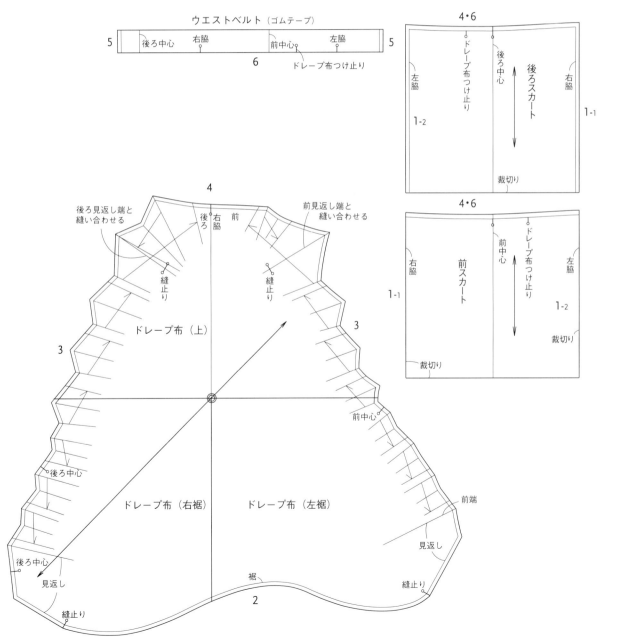

4

後ろ見返し端と
縫い合わせる

後ろ　右脇　前

縫止り

前見返し端と
縫い合わせる

縫止り

3

ドレープ布（上）

3

3

ドレープ布（右裾）

ドレープ布（左裾）

後ろ中心

前中心

前端

見返し

後ろ中心

見返し

縫止り

裾

2

縫止り

2 ドレープ布の裾を始末する

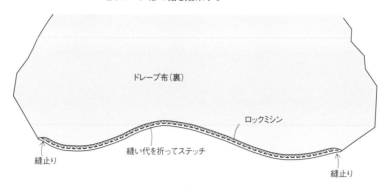

ドレープ布（裏）

ロックミシン

縫止り

縫い代を折ってステッチ

縫止り

3 ドレープ布のタックをたたむ

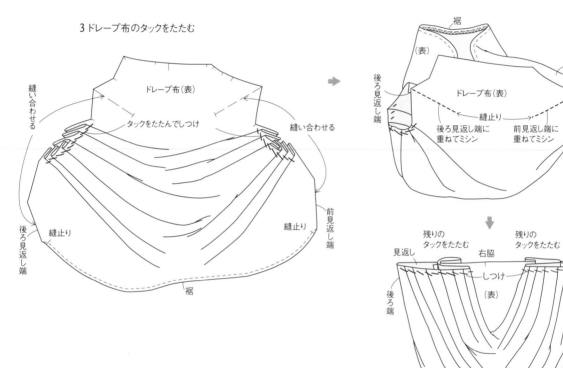

縫い合わせる

ドレープ布（表）

タックをたたんでしつけ

縫い合わせる

後ろ見返し端

縫止り

前見返し端

縫止り

後ろ見返し端

裾

裾

（表）

（表）

後ろ見返し端

縫止り

前見返し端

後ろ見返し端に
重ねてミシン

前見返し端に
重ねてミシン

残りの
タックをたたむ

見返し

右脇

残りの
タックをたたむ

見返し

後ろ端

しつけ

（表）

前端

裾

---

no.9の袖のパターンは、タック位置が
S、M、ML、Lのサイズで煩雑にならない
ように袖本体とタック部分を切り離して
います。

選んだサイズの袖本体とタック部
分のパーツは、それぞれの位置で
突き合わせてください。

no.9の袖

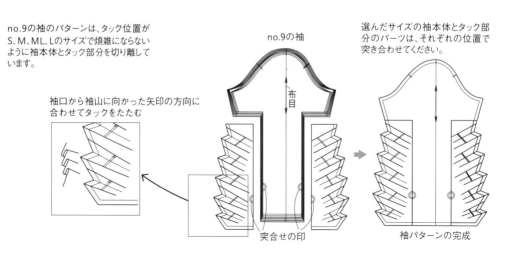

袖口から袖山に向かった矢印の方向に
合わせてタックをたたむ

布目

突合せの印

袖パターンの完成

no.9 drape drape dress

ドレープ ドレープ ドレス

◆ 必要なパターン（4面）

後ろ身頃、右前身頃（衿側と裾側を突き合わせる）、
左前身頃、袖（中側、後ろ側、前側を突き合わせる）、衿

◆ 縫い方順序

1　後ろ身頃と左右前身頃の裾、袖口の縫い代を三つ折り端ミシンで始末。

2　右前身頃のタックをたたんで仮どめする。→図、p.51、52

3　肩を縫い合わせる。

4　衿をつけ、両端のタックを2枚一緒にたたんで仮どめする。→図

5　袖のタックをたたんで仮どめする。→図

6　袖をつける。

7　脇と袖下を続けて縫い合わせる。このとき左脇には衿の右前端を縫いはさむ。→図

8　衿の左前端を、右脇内側のつけ位置の縫い代に縫いとめる。→図

◆ 使用量

表布（シルク天竺）
＝150cm幅
（S）2m30cm
（M）2m40cm
（ML）2m50cm
（L）2m60cm

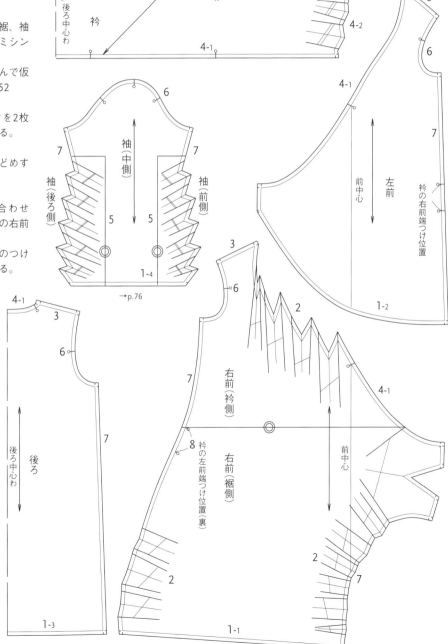

前　　　　　　　　　　　　　　左脇

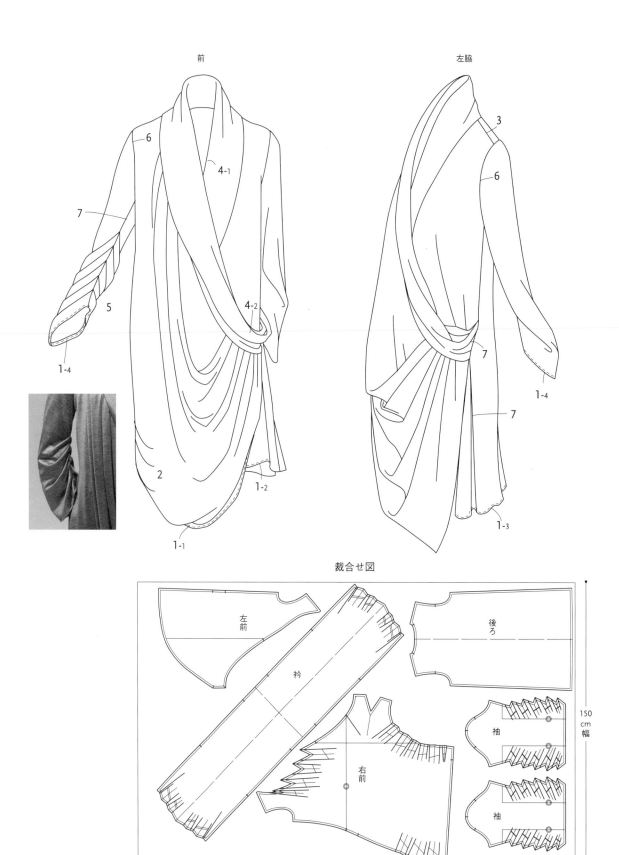

6
4-1
7
5
1-4
2
1-1
4-2
1-2

3
6
7
1-4
7
1-3

裁合せ図

左前
衿
右前
後ろ
袖
袖

150
cm
幅

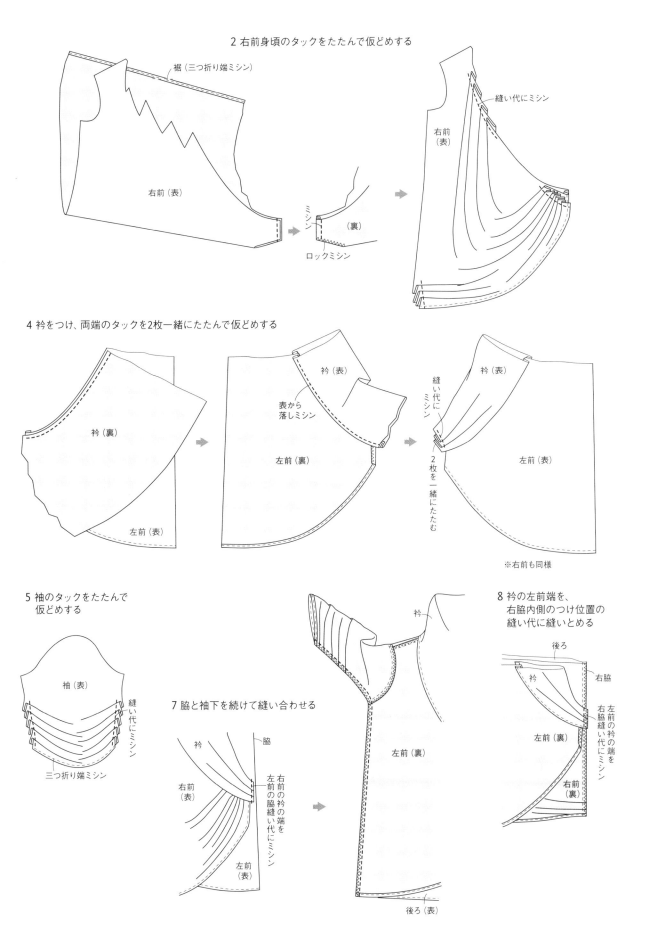

2 右前身頃のタックをたたんで仮どめする

裾（三つ折り端ミシン）

右前（表）

ミシン

（裏）

ロックミシン

縫い代にミシン

右前（表）

4 衿をつけ、両端のタックを2枚一緒にたたんで仮どめする

衿（裏）

左前（表）

衿（表）

表から落しミシン

左前（裏）

縫い代にミシン

衿（表）

左前（表）

2枚を一緒にたたむ

※右前も同様

5 袖のタックをたたんで仮どめする

袖（表）

縫い代にミシン

三つ折り端ミシン

7 脇と袖下を続けて縫い合わせる

衿

脇

右前（表）

右前の衿の端を左前の脇縫い代にミシン

左前（表）

左前（裏）

衿

後ろ（表）

8 衿の左前端を、右脇内側のつけ位置の縫い代に縫いとめる

後ろ

衿

右脇

左前（裏）

左前の衿の端を右脇縫い代にミシン

右前（裏）

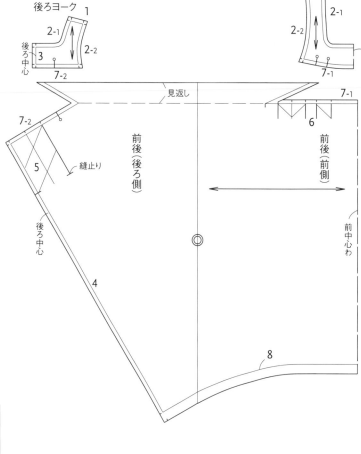

no.8 tuck drape dress

タック ドレープ ドレス

◆必要なパターン（1面）
前後身頃（前側と後ろ側を突き合わせる）、後ろヨーク、前ヨーク

◆ 縫い方順序

※ 裏ヨークに接着芯をはる。

1 表ヨーク、裏ヨークの肩をそれ ぞれ縫い合わせる。

2 表、裏ヨークの衿ぐりと袖ぐり を縫い返す。

3 表、裏ヨークの後ろ中心を続け て縫い合わせる。

4 後ろ中心を縫い合わせる。

5 後ろ中心のタックを縫止りまで 縫い、タックをたたむ。

6 前のタックをたたみ、見返しを 折って仮どめする。→図

7 身頃にヨークをつける。

8 裾を折り上げてステッチ。

◆ 使用量

表布（マットジャージー）
＝110cm幅
（S）2m10cm、（M）2m20cm
（ML）2m30cm、（L）2m40cm
別布（シルクサテン）
＝90cm幅50cm
接着芯＝90cm幅30cm

後ろヨーク

前ヨーク

裁合せ図

表布

別布

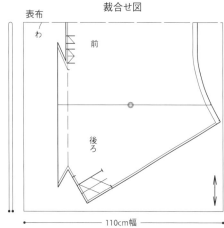

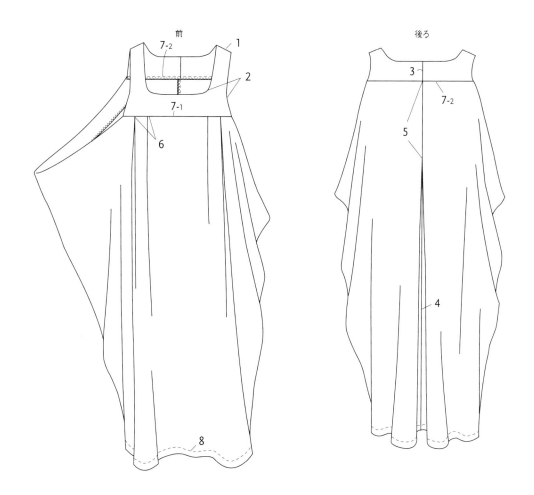

前　7-2　1

2

7-1

6

後ろ　3　7-2

5

4

8

6 前のタックをたたみ、見返しを折って仮どめする

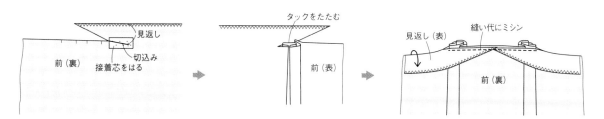

前（裏）　見返し　切込み　接着芯をはる

タックをたたむ　前（表）

見返し（表）　縫い代にミシン　前（裏）

no.10 gather drape dress

page 19

ギャザー ドレープ ドレス

◆ **必要なパターン（1面）**
前後身頃（身頃側とスカート側を突き合わせる）

◆ **縫い方順序**

1 衿ぐり、袖ぐりを三つ折り端ミ
　シンで始末する。袖ぐりは後ろ
　切替え線とつながっているの
　で、袖つけ止りに切込みを入れ、
　袖ぐりだけを始末する。→図

2 袖にギャザーを寄せ、身頃と縫
　い合わせる。→図

3 スカートのギャザーを寄せ、身
　頃と縫い合わせる。→図

4 後ろ中心を縫い、コンシールフ
　ァスナーをつける。ファスナー
　のつけ方→p.61

5 裾を折り上げてステッチ。

◆ **使用量**
　表布（ウール天竺）
　＝150cm幅
　（S）1m10cm
　（M）1m20cm
　（ML）1m30cm
　（L）1m40cm
　56cmのコンシールファスナ
　ー1本

裁合せ図

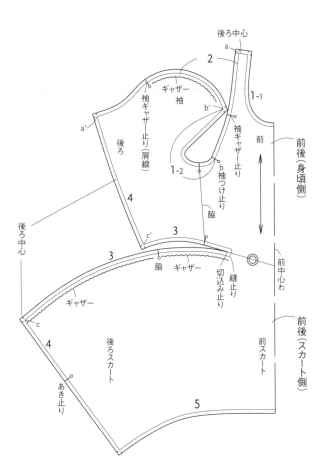

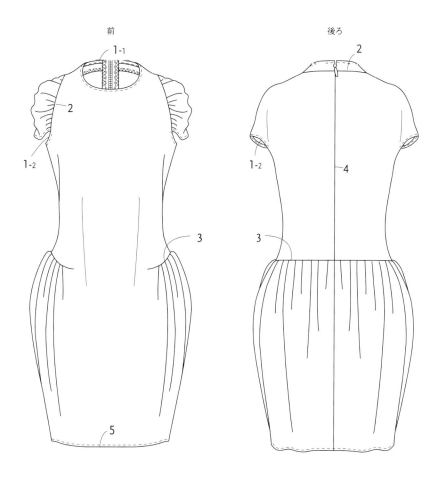

前　　　　　　　　　後ろ

1-1
2
1-2
3
5

2
4
1-2
3

1 衿ぐり、袖ぐりを三つ折り端ミシンで始末する
2 袖にギャザーを寄せ、身頃と縫い合わせる

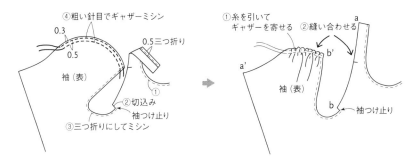

④粗い針目でギャザーミシン
0.3
0.5
0.5三つ折り
袖（表）
②切込み
袖つけ止り
③三つ折りにしてミシン
①

①糸を引いて
ギャザーを寄せる
②縫い合わせる
a
a'
b'
袖（表）
b
袖つけ止り

3 スカートのギャザーを寄せ、身頃と縫い合わせる

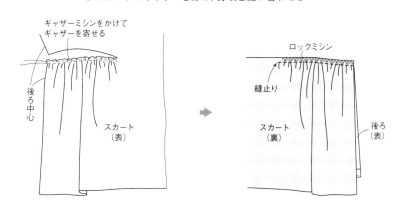

ギャザーミシンをかけて
ギャザーを寄せる
後ろ中心
スカート
（表）

ロックミシン
縫止り
スカート
（裏）
後ろ
（表）

no.11 drape top

ドレープ トップ

◆ 必要なパターン（6面）

前後身頃（後ろ側、脇側、前側を突き合わせる）

◆ 縫い方順序

1 右肩を縫う。→図
2 衿ぐりの縁とりをする。→図
3 左肩を縫う。→図
4 袖ぐりの始末をする。→図
5 脇を縫う。→図
6 裾の始末をする。→図

◆ 使用量

表布（天竺）
＝150cm幅1m10cm

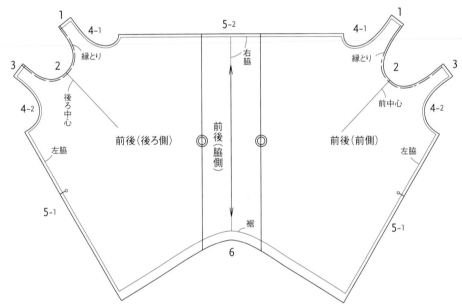

裁合せ図

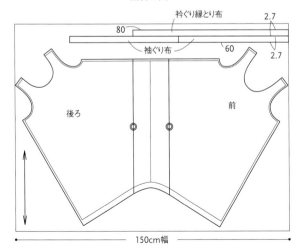

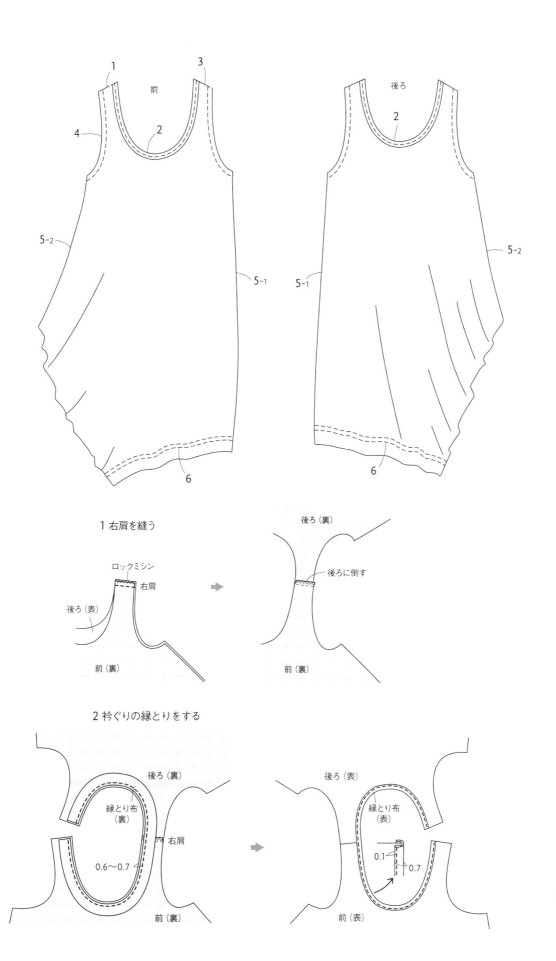

前

3

1

2

4

5-2

5-1

6

後ろ

2

5-2

5-1

6

1 右肩を縫う

ロックミシン

右肩

後ろ（表）

前（裏）

後ろ（裏）

後ろに倒す

前（裏）

2 衿ぐりの縁とりをする

後ろ（裏）

縁とり布
（裏）

右肩

0.6〜0.7

前（裏）

後ろ（表）

縁とり布
（表）

0.1

0.7

前（表）

3 左肩を縫う

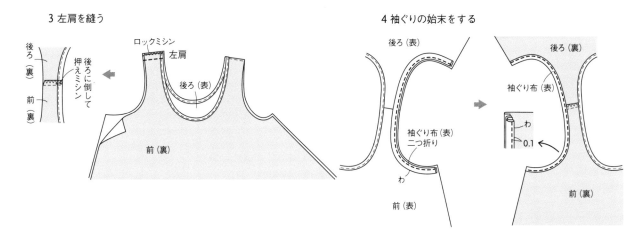

ロックミシン
左肩
後ろ（裏）
前（裏）
後ろに倒して押えミシン
後ろ（表）
前（裏）

4 袖ぐりの始末をする

後ろ（表）
前（表）
袖ぐり布（表）二つ折り
わ
後ろ（裏）
袖ぐり布（表）
前（裏）
わ
0.1

5 脇を縫う

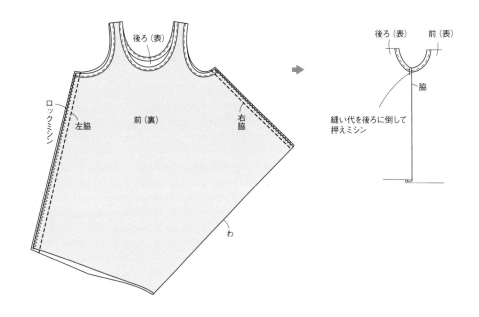

後ろ（表）
ロックミシン
左脇
前（裏）
右脇
わ

後ろ（表）　前（表）
脇
縫い代を後ろに倒して押えミシン

6 裾の始末をする

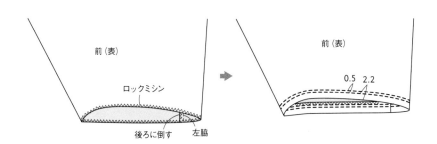

前（表）
ロックミシン
後ろに倒す　左脇

前（表）
0.5　2.2

no.13 gather drape blouse

page 24, 34

ギャザー ドレープ ブラウス

◆必要なパターン（6面）
前身頃（上側、下側、左脇を突き合わせる）、後ろ身頃

◆ 縫い方順序

1 後ろ身頃の裾と左袖口と衿ぐり
　見返し端、前身頃の裾と右袖口
　と左袖口と衿ぐりを、三つ折り
　端ミシンで始末する。

2 右袖口上のタックをたたむ。
　→図

3 前（上側）と前（下側）の⚔印の位
　置を縫い合わせる。→図

4 後ろ身頃の右NP〜Eにギャザー
　を寄せ、右NP〜E〜F（右脇裾）
　を前身頃と縫い合わせる。→図

5 前身頃の左NP〜Dにギャザー
　を寄せ、後ろ身頃と縫い合わせ
　る。→図

6 左脇を縫い合わせる。→図

◆ 使用量
　表布（スパンビエラワッシャー）
　＝145cm幅1m90cm

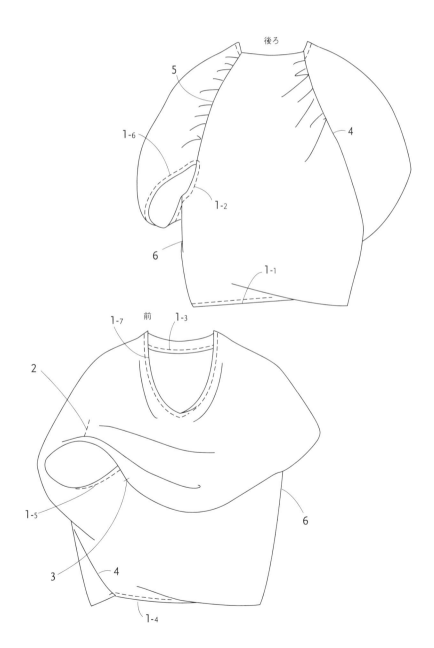

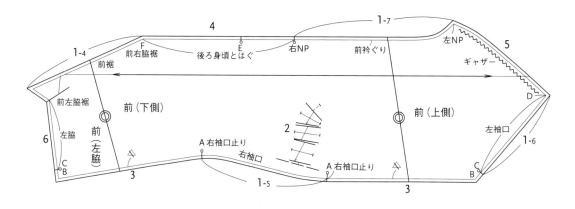

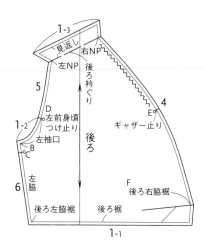

前（下側）

前（上側）

前（左脇）

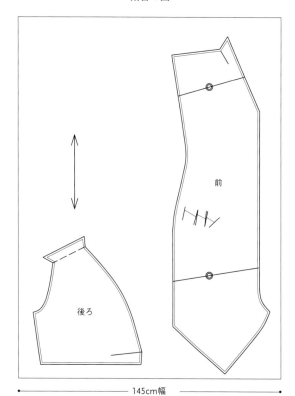

裁合せ図

前

後ろ

145cm幅

2 右袖口上のタックをたたむ

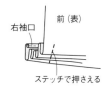

前（表）

右袖口

ステッチで押さえる

3 前（上側）と前（下側）の⚠印の位置を縫い合わせる

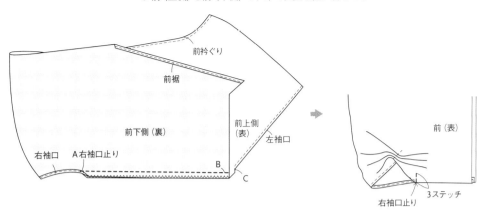

前衿ぐり
前裾
前下側（裏）
前上側（表）
左袖口
右袖口
A右袖口止り
B
C

前（表）
右袖口止り
3ステッチ

4 後ろ身頃の右NP〜Eにギャザーを寄せ、右NP〜E〜F（右脇裾）を前身頃と縫い合わせる

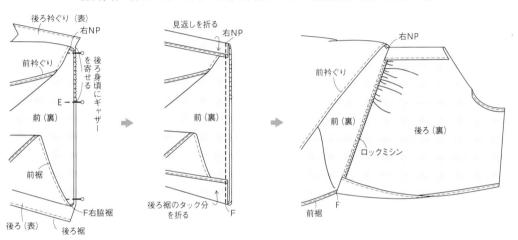

後ろ衿ぐり（表）
右NP
前衿ぐり
後ろ身頃にギャザーを寄せる
E
前（裏）
前裾
F右脇裾
後ろ（表）
後ろ裾

見返しを折る
右NP
前（裏）
後ろ裾のタック分を折る
F

右NP
前衿ぐり
前（裏）
後ろ（裏）
ロックミシン
前裾
F

5 前身頃の左NP〜Dにギャザーを寄せ、後ろ身頃と縫い合わせる

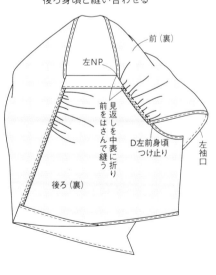

前（裏）
左NP
見返しを中表に折り前をはさんで縫う
D左前身頃つけ止り
左袖口
後ろ（裏）

6 左脇を縫い合わせる

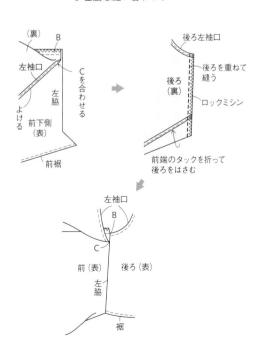

（裏）
B
左袖口
よける
Cを合わせる
左脇
前下側（表）
前裾

後ろ左袖口
後ろを重ねて縫う
後ろ（裏）
ロックミシン
前端のタックを折って後ろをはさむ

左袖口
B
C
前（表）
後ろ（表）
左脇
裾

no.12 drape vest

page 22

ドレープ ベスト

◆ **必要なパターン(6面)**
後ろ身頃、前身頃、ポケット

◆ **縫い方順序**

1 前端のポケットつけ止りと縫止りに切込みを入れ、ポケットつけ止り~縫止りまでの縫い代を三つ折り端ミシンで始末する。袖ぐりも三つ折り端ミシンで始末する。

2 ポケットをつける。→図

3 後ろ身頃の裾を折り上げ、ダブルステッチで押さえる。

4 後ろ衿ぐり部分を筒状に縫う。→図

5 後ろ身頃の見返しを折り、見返しも一緒に脇を縫う。→図

◆ **使用量**
表布(天竺)
＝155cm幅2m

裁合せ図

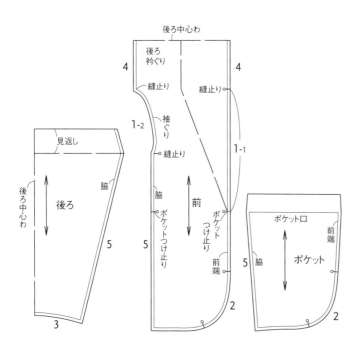

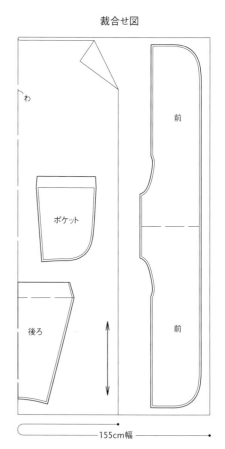

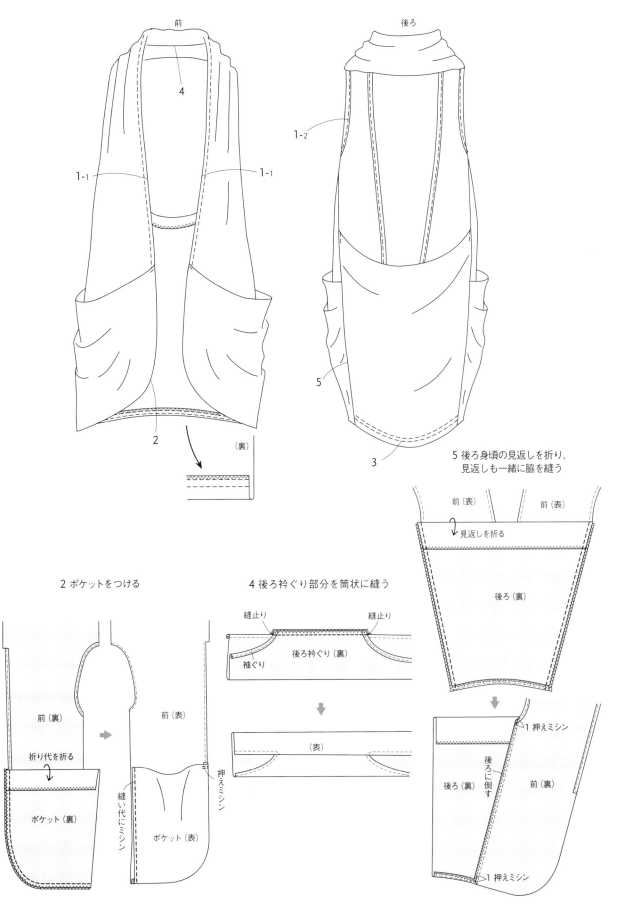

前

4

1-1　　　　1-1

2

（裏）

後ろ

1-2

5

3

5 後ろ身頃の見返しを折り、見返しも一緒に脇を縫う

前（表）　　　前（表）

見返しを折る

後ろ（裏）

後ろ（裏）　　　前（裏）

後ろに倒す

1 押えミシン

1 押えミシン

2 ポケットをつける

前（裏）

折り代を折る

ポケット（裏）

前（表）

縫い代にミシン

押えミシン

ポケット（表）

4 後ろ衿ぐり部分を筒状に縫う

縫止り　　　　縫止り

後ろ衿ぐり（裏）

袖ぐり

（表）

no.14 tuck drape pants

タック ドレープ パンツ

◆ 必要なパターン（6面）
後ろパンツ（ウエスト側と裾側と突き合わせる）、
前パンツ（ウエスト側と裾側と突き合わせる）、
ウエストベルト（前・後ろ）

◆ 縫い方順序
1 裾を折り上げてダブルステッチ
　で押さえる。
2 ウエストのタックをたたむ。
　→図
3 脇を縫う。
4 股下を縫う。
5 脇と股下の裾側にゴムシャーリ
　ングをする。→図
6 ウエストベルトの脇を縫う。
7 ウエストベルトをつけ、さらに
　ウエスト縫い代にゴムテープを
　縫いとめる。→図

◆ 使用量
表布（天竺）
＝155cm幅2m30cm
ゴムテープ＝1cm幅1m40cm

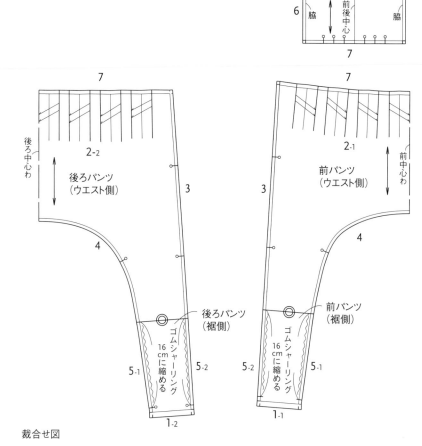

ウエストベルト（前・後ろ）

裁合せ図

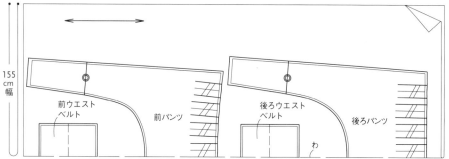

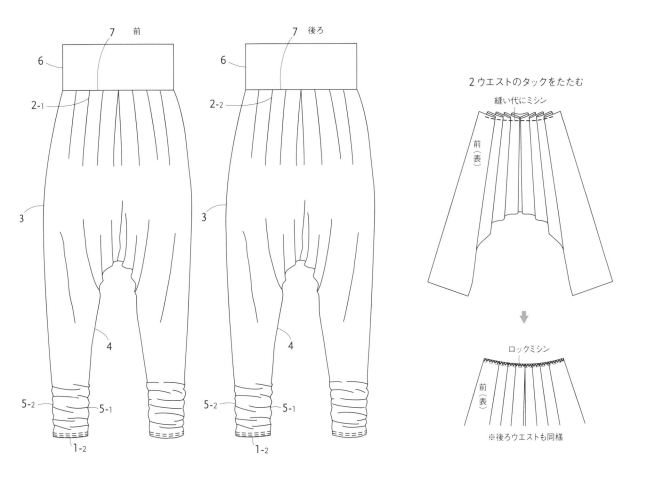

2 ウエストのタックをたたむ

縫い代にミシン

前（表）

ロックミシン

前（表）

※後ろウエストも同様

5 脇と股下の裾側にゴムシャーリングをする

7 ウエストベルトをつけ、さらにウエスト縫い代にゴムテープを縫いとめる

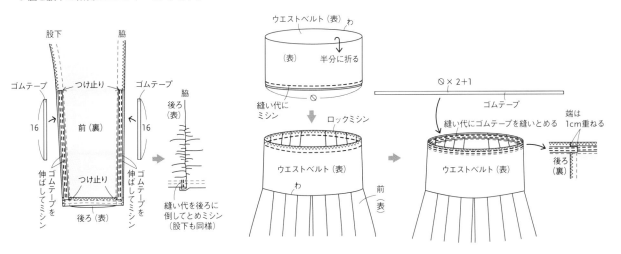

no.15 drape dress

page 26

ドレープ ドレス

◆ 必要なパターン（3面）

前後身頃（後ろ左袖、後ろ右袖、裾、前、前左脇、前左袖を突き合わせる）

◆ 縫い方順序

1 後ろ衿ぐりをテープ布で始末する。→図

2 前衿ぐりの縫い代を折ってダブルステッチで押さえる。

3 スリット部分を三つ折り端ミシンで始末する。→図

4 スリット部分を残して、肩、袖山線を縫う。→図

5 左脇を縫う。→図

6 袖口にスパングルゴムテープをつける。→図

7 ウエストの裏面に当て布を縫いとめ、ゴムテープを通す。→図

8 裾をまつる。

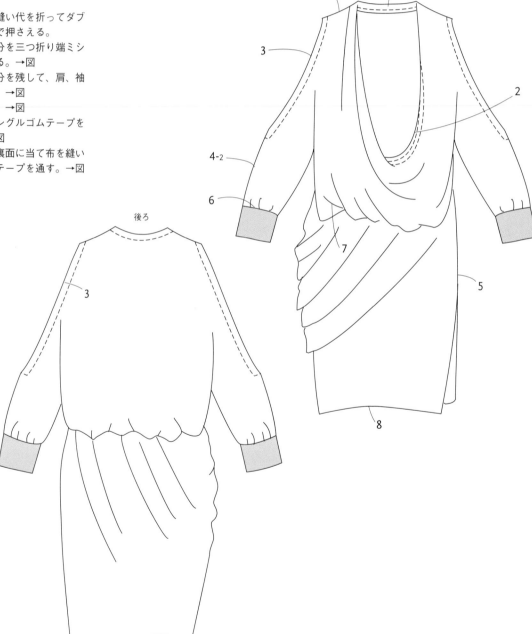

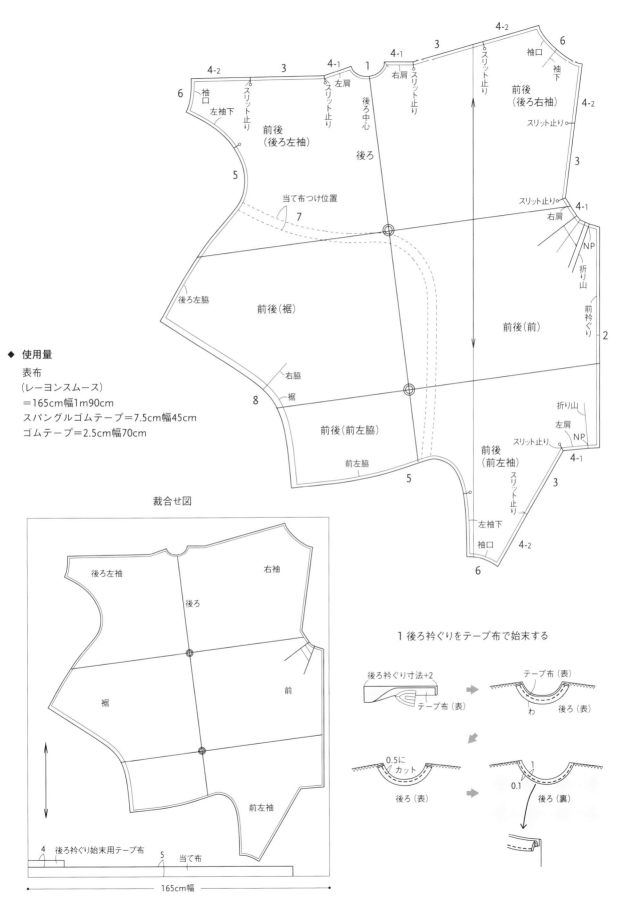

◆ 使用量
表布
（レーヨンスムース）
＝165cm幅1m90cm
スパングルゴムテープ＝7.5cm幅45cm
ゴムテープ＝2.5cm幅70cm

裁合せ図

後ろ衿ぐり始末用テープ布

当て布

165cm幅

1 後ろ衿ぐりをテープ布で始末する

後ろ衿ぐり寸法+2
テープ布（表）

テープ布（表）
わ　後ろ（表）

0.5に
カット
後ろ（表）

1
0.1
後ろ（裏）

（pattern labels）
4-2 3 4-1 1 4-1 3 4-2 6
袖口 左肩 右肩 スリット止り 袖下
6 袖口
左袖下 スリット止り スリット止り 前後（後ろ右袖）
前後（後ろ左袖）
後ろ中心 4-2
後ろ スリット止り
5
当て布つけ位置 7
スリット止り 4-1
右肩
NP
後ろ左脇 折り山
前衿ぐり
前後（裾） 前後（前） 2
右脇
裾 折り山
8 左肩
前後（前左脇） NP
スリット止り 4-1
前後（前左袖）
前左脇 5 スリット止り 3
左袖下
袖口 4-2
6

後ろ左袖 右袖
後ろ
裾 前
前左袖

95

3 スリット部分を三つ折り端ミシンで始末する

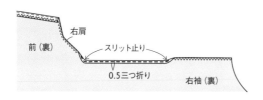

前（裏）
右肩
スリット止り
0.5三つ折り
右袖（裏）

4 スリット部分を残して、肩、袖山線を縫う

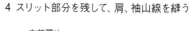

右前肩は
タックをたたむ

前（表）

前（表）

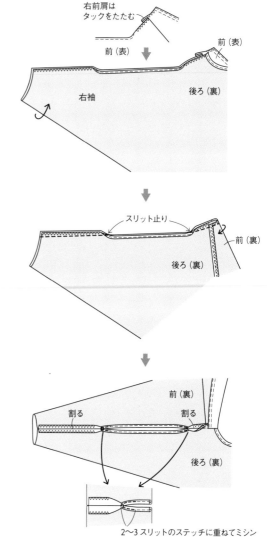

右袖
後ろ（裏）

スリット止り
前（裏）
後ろ（裏）

割る
前（裏）
割る
後ろ（裏）

2〜3 スリットのステッチに重ねてミシン

5 左脇を縫う

後ろ（裏）
左脇

（裏）
左脇
ロックミシン

6 袖口にスパングルゴムテープをつける

袖口寸法+2
スパングルゴムテープ

（裏）
1

袖山
袖（表）
スパングル
ゴムテープ
（表）

7 ウエストの裏面に当て布を縫いとめ、ゴムテープを通す

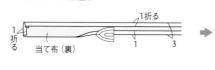

1折る
1折る
当て布（裏）
1
3

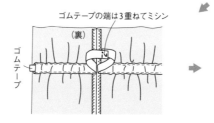

後ろ（裏）
左脇
0.1
0.1
当て布（表）
突き合わせる

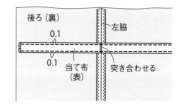

ゴムテープの端は3重ねてミシン

（裏）
ゴムテープ

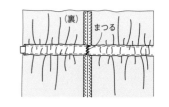

（裏）
まつる

no.16 drape dress

page 28, 29

ドレープ ドレス

◆ 縫い方順序

1 肩を縫う。→図

2 袖ぐりの始末をする。

3 衿を縫う。まず衿外回りに三つ
　折り端ミシンをかけ、衿の左A
　〜左Bを中表に合わせて縫う。
　次にカーブしている衿端部分を
　外表に折り、折り山から左Aの
　合い印までを仮どめする。→図

4 衿をつける。後ろ身頃、前見返
　しの衿ぐりの表面に、衿のつけ
　線の裏面を重ね、各合い印を合
　わせてぐるっと縫うが、前中心
　側の右A〜左Aは3で仮どめした
　部分も重ね、4枚一緒に衿つけ
　ミシンをかける。→図

5 脇を縫う。まず後ろ身頃の脇に
　前身頃の脇を、裾からBの合い
　印まで中表に合わせる。次に見
　返しの脇を袖ぐりからCの合い
　印まで重ね、B〜C間は後ろと
　見返しの間に、前の脇をはさん
　で縫う。→図

6 裾の始末をする。

◆ 使用量

　表布(シルク天竺)
　＝140cm幅2m20cm

◆必要なパターン(4面)

前身頃(身頃、衿1、衿2を突き合わせる)、
後ろ身頃、前見返し

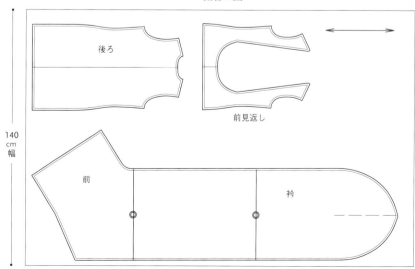

裁合せ図

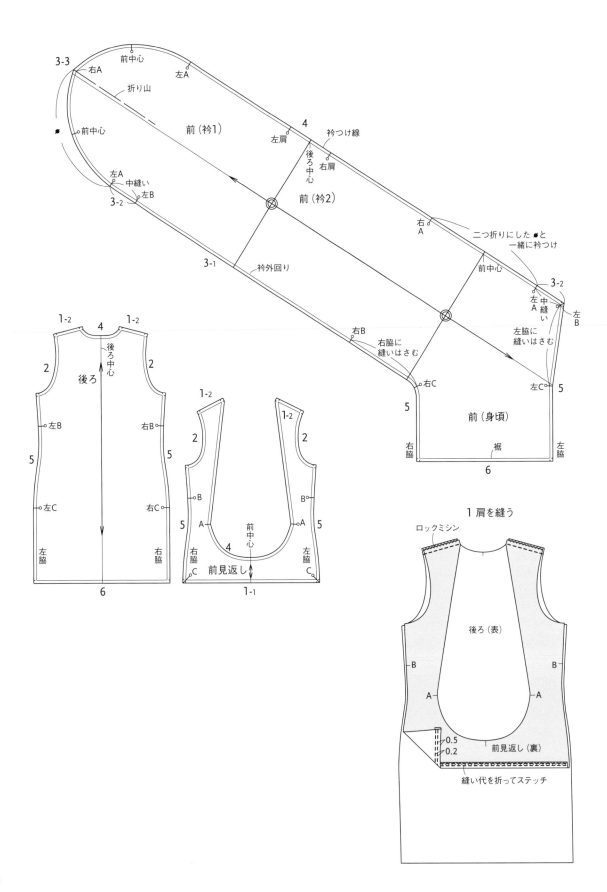

3-3
前中心
左A
右A
折り山
前中心
前（衿1）
4
左肩
衿つけ線
後ろ中心
右肩
左A
中縫い
3-2
左B
右A
前（衿2）
二つ折りにした と
一緒に衿つけ
3-1
衿外回り
前中心
3-2
左A中縫い
左B
右B
右脇に
縫いはさむ
左脇に
縫いはさむ
左C
5
右C
5
前（身頃）
右脇
裾
左脇
6

1-2
1-2
4
後ろ中心
2
2
後ろ
1-2
左B
右B
1-2
5
5
2
2
5
左C
右C
B
B
5
5
A
A
左脇
右脇
右脇
左脇
前中心
4
6
前見返し
C
C
1-1

1 肩を縫う
ロックミシン
後ろ（表）
B
B
A
A
前見返し（裏）
0.5
0.2
縫い代を折ってステッチ

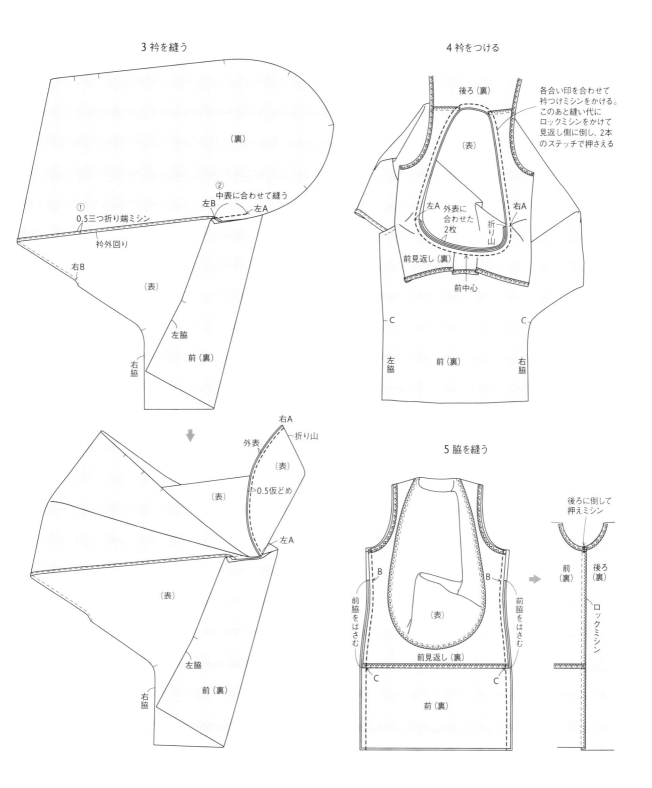

3 衿を縫う

（裏）

① 0.5三つ折り端ミシン

衿外回り

② 中表に合わせて縫う

左B　左A

右B

右A

折り山

外表

（表）

（表）

0.5仮どめ

左A

（表）

左脇

右脇

前（裏）

4 衿をつける

各合い印を合わせて
衿つけミシンをかける。
このあと縫い代に
ロックミシンをかけて
見返し側に倒し、2本
のステッチで押さえる

後ろ（裏）

（表）

左A　外表に
合わせた
2枚

右A

折り山

前見返し（裏）

前中心

C　　　　C

左脇　　前（裏）　　右脇

5 脇を縫う

後ろに倒して
押えミシン

B　　　　　B

前脇を
はさむ

前脇を
はさむ

（表）

前見返し（裏）

C　　　　　C

前（裏）

前（裏）　　後ろ（裏）

ロックミシン

ストリング ドレープ ドレス

前　　　　後ろ

◆ 必要なパターン（1面）
上身頃、下身頃、リボン

◆ 縫い方順序

1 上身頃、下身頃の前中心をそれ
　ぞれ縫止りまで縫う。→図
2 上身頃と下身頃の袖ぐりの縫
　止り～後ろ中心まで縫い、下身
　頃の上端を上身頃にとめる。
　→図
3 前中心のタックを縫う。→図
4 リボンの縫止りから先の縫い
　代を、三つ折り端ミシンで始末
　する。
5 上身頃とリボンを縫い合わせ
　る。→図
6 身頃のタック縫止り～リボン
　の縫止りまで縫う。→図
7 上身頃、下身頃の後ろ中心のあ
　き止りから下をそれぞれ縫う。
　→図
8 後ろ中心にコンシールファス
　ナーをつける。→図
9 上身頃、下身頃の裾をそれぞれ
　三つ折り端ミシンで始末する。
10 タック縫止りあたりの位置で、
　左右のリボンを一緒にひと結
　びしてまとめる。

◆ 使用量

表布（布帛・プリント）
＝110cm幅2m30cm
別布（ポリエステルシフォン）
＝110cm幅2m
56cmのコンシールファスナー
を1本

5・6・10

2

3

4

8

1-1

9-1

9-2

1-2

7-1

7-2

6　　　4

つけ側　縫止り　　　　右　左
5　　　折り山　　リボン　→　　　4
　　　縫止り
6　　　4

5

6
下身頃縫い
とめ位置
3・6

タック縫止り
縫止り

縫止り

2

タック縫止り
3
縫止り

下身頃
上身頃

8
後ろ中心
あき止り

8
後ろ中心
あき止り

前中心
1-2

前中心
1-1

7-2

9-2

7-1

9-1

別布

わ

110cm幅

下身頃

表布　　　　　　裁合せ図

上身頃

上身頃

110cm幅

左リボン　　　　右リボン

1 上身頃、下身頃の前中心をそれぞれ縫止りまで縫う

2 上身頃と下身頃の袖ぐりの縫止り〜後ろ中心まで縫い、
　下身頃の上端を上身頃にとめる

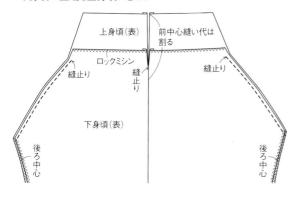

上身頃(表)
前中心縫い代は割る
ロックミシン
縫止り
縫止り
縫止り
下身頃(表)
後ろ中心
後ろ中心

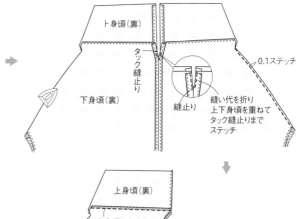

上身頃(裏)
タック縫止り
下身頃(裏)
縫止り
0.1ステッチ
縫い代を折り上下身頃を重ねてタック縫止りまでステッチ

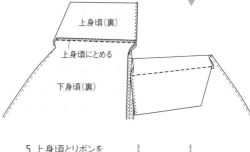

上身頃(裏)
上身頃にとめる
下身頃(裏)

3 前中心のタックを縫う

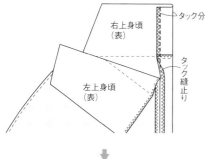

右上身頃(表)
タック分
タック縫止り
左上身頃(表)

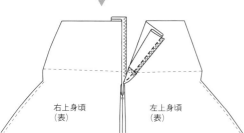

右上身頃(表)
左上身頃(表)

5 上身頃とリボンを縫い合わせる

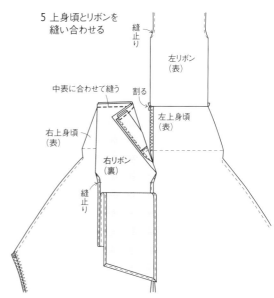

縫止り
左リボン(表)
中表に合わせて縫う
割る
右上身頃(表)
左上身頃(表)
右リボン(裏)
縫止り

6 身頃のタック縫止り〜リボンの縫止りまで縫う

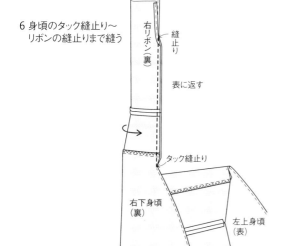

右リボン(裏)
縫止り
表に返す
タック縫止り
右下身頃(裏)
左上身頃(表)

7 上身頃、下身頃の後ろ中心のあき止りから下をそれぞれ縫う

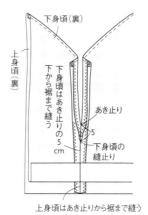

下身頃(裏)
上身頃(裏)
下身頃はあき止りの下から裾まで縫う
あき止り
5
下身頃の縫止り
上身頃はあき止りから裾まで縫う

8 後ろ中心にコンシールファスナーをつける

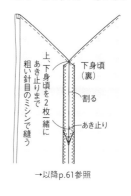

下身頃(裏)
上、下身頃を2枚一緒にあき止りまで粗い針目のミシンで縫う
割る
あき止り

→以降p.61参照

no.18　twist drape dress

page 32, 35

ツイスト ドレープ ドレス

◆必要なパターン（5面）
前後身頃（右上、右中、右裾、左上、左裾を突き合わせる）
※タック位置を写す

◆ **縫い方順序**
※ 後ろ衿ぐり、袖ぐりの縫い代、通し口の裏面に接着テープをはる。
1 後ろ中心、肩、袖ぐりのタックをたたむ。→図
2 前裾のダーツを縫う。→図
3 身頃中央のタックをたたみ、ねじりドレープを整える。→図
4 後ろ中心を縫う。
5 後ろ衿ぐりを始末する。
6 前衿ぐり見返し端を始末して、肩を縫う。→図
7 袖ぐりを始末する。
8 裾の縫い代を折り上げてステッチをかける。

◆ **使用量**
表布（天竺）
＝160cm幅1m60cm
接着テープ
＝0.7cm幅を適宜

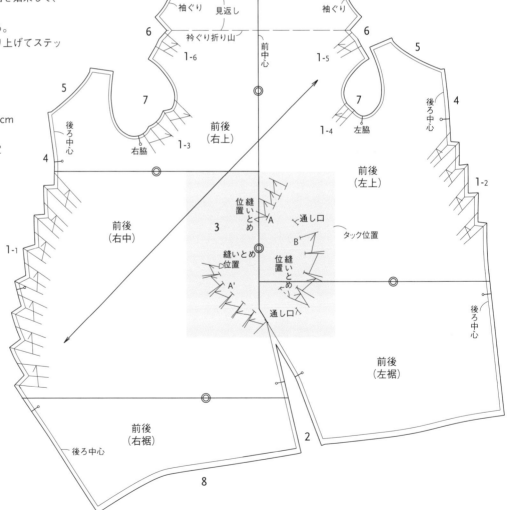

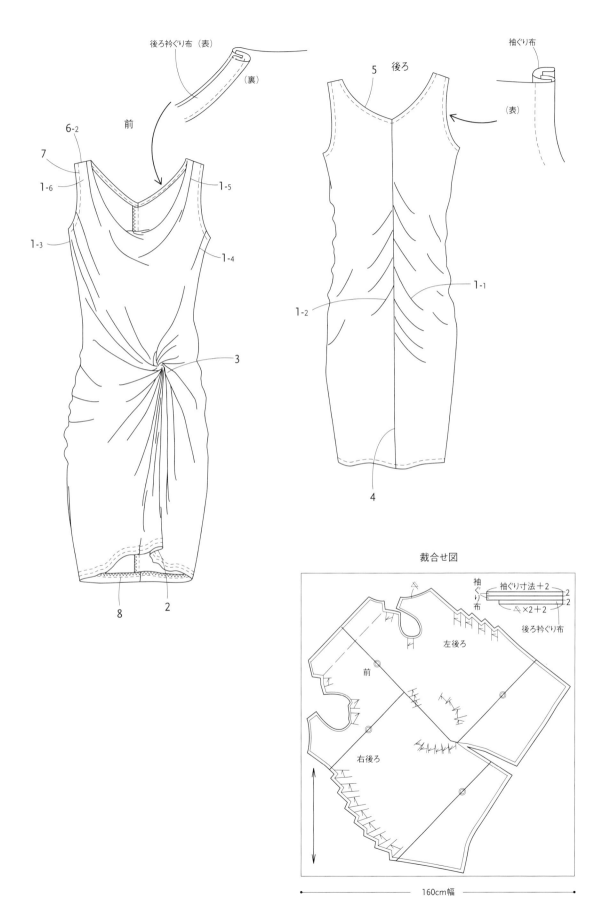

後ろ衿ぐり布（表）

（裏）

前

6-2

7

1-6

1-3

1-5

1-4

3

8

2

5　後ろ

袖ぐり布

（表）

1-1

1-2

4

裁合せ図

袖ぐり布

袖ぐり寸法＋2

△×2＋2

後ろ衿ぐり布

左後ろ

前

右後ろ

160cm幅

1 後ろ中心、肩、袖ぐりのタックをたたむ

右後ろ

前（表）

左後ろ

タックをたたんで
しつけ

2 前裾のダーツを縫う

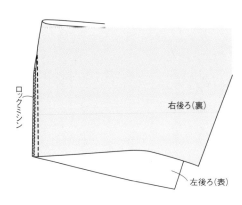

ロックミシン

右後ろ（裏）

左後ろ（表）

6 前衿ぐり見返し端を始末して、肩を縫う

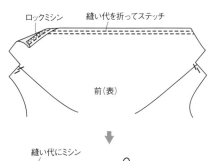

ロックミシン　　縫い代を折ってステッチ

前（表）

縫い代にミシン

見返し（表）　　衿ぐり

前（裏）

ロックミシン

見返し（表）

後ろ（表）

前（裏）

3 身頃中央のタックをたたみ、ねじりドレープを整える

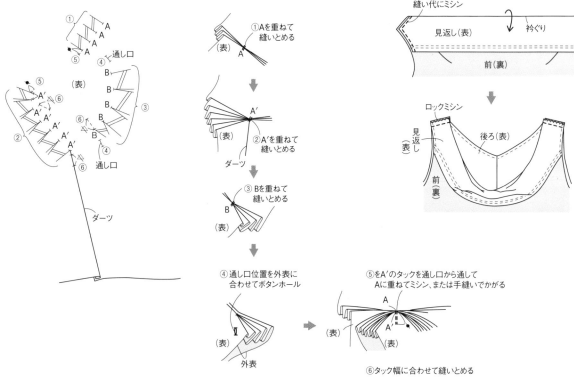

①　A
　　A
　　A
⑤　　A
　④　通し口
（表）　B
⑤　B
A'⑥　B
A'　③
②　A'　⑥　B
　A'　B④
　A'　通し口
⑥
ダーツ

①Aを重ねて
縫いとめる
（表）A

②A'を重ねて
縫いとめる
（表）A'
ダーツ

③Bを重ねて
縫いとめる
B
（表）

④通し口位置を外表に
合わせてボタンホール
（表）
外表

⑤をA'のタックを通し口から通して
Aに重ねてミシン、または手縫いでかがる
A
（表）
（表）

⑥タック幅に合わせて縫いとめる

104

no.19 tuck drape dress

タック ドレープ ドレス

◆ 必要なパターン（3、5面)
前後身頃（右前、左前、右前裾、左前裾、右袖、左袖を突き合わせる)
後ろ裾（右側と左側を突き合わせる)

◆ 縫い方順序

1 前裾、後ろ裾の縫い代を折り、
ステッチで押さえる。

2 袖口のタックをたたみ、テープ
布で始末する。→図

3 後ろ中心を縫う。→図

4 前衿ぐり、後ろ衿ぐりを袖と同
様にテープ布で始末する。→図

5 肩、袖山線を縫い、スリットあ
きの始末をする。→図

6 後ろ身頃と後ろ裾身頃を縫い合
わせる。

7 脇のタックをたたむ。→図

8 脇を縫い合わせる。

裁合せ図

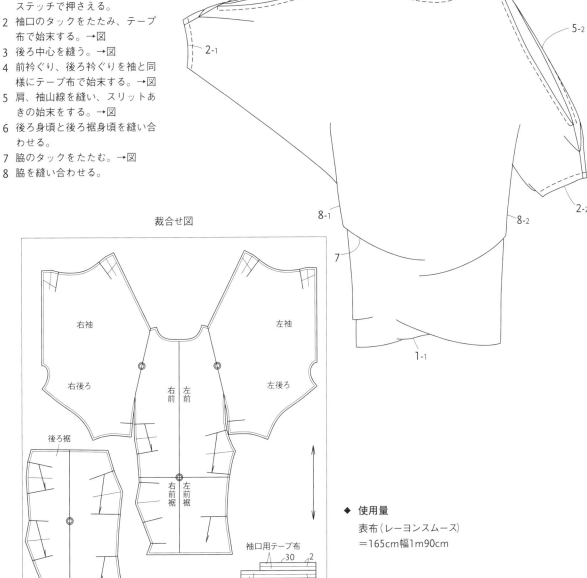

◆ 使用量
表布（レーヨンスムース)
＝165cm幅1m90cm

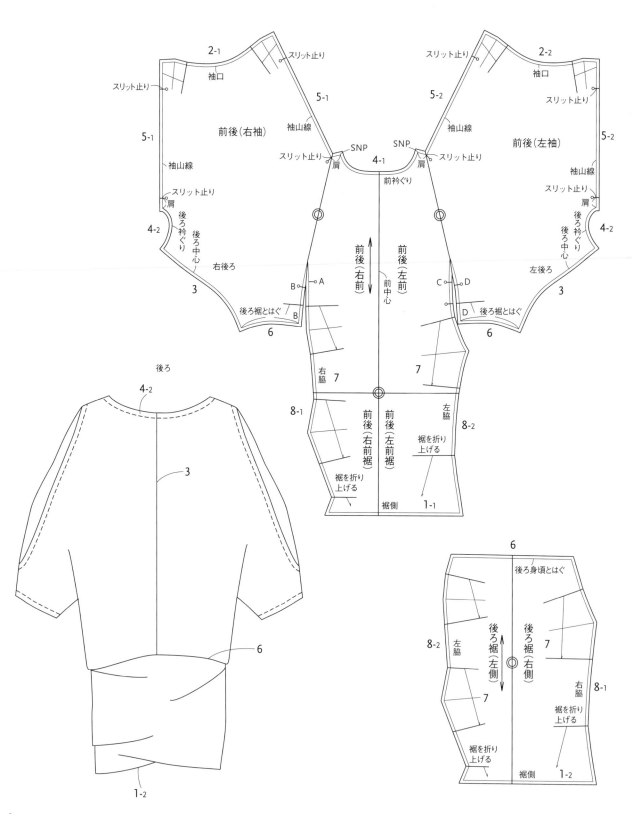

2-1
スリット止り
袖口
5-1
スリット止り
前後（右袖）
5-1
袖山線
袖山線
スリット止り
スリット止り
肩
4-2
後ろ衿ぐり
後ろ中心
右後ろ
3
後ろ裾とはぐ
6
B → A
B

2-2
スリット止り
袖口
5-2
スリット止り
前後（左袖）
5-2
袖山線
袖山線
スリット止り
スリット止り
肩
4-2
後ろ衿ぐり
後ろ中心
左後ろ
3
後ろ裾とはぐ
6
C → D
D

SNP
SNP
4-1
肩
肩
前衿ぐり

前後（右前）
前中心
前後（左前）

右脇 7
7 左脇

8-1
前後（右前裾）
裾を折り上げる

前後（左前裾）
裾を折り上げる
8-2
1-1
裾側

後ろ
4-2
3
6
1-2

6
後ろ身頃とはぐ
8-2
左脇
後ろ裾（左側）
7
後ろ裾（右側）
7
右脇
8-1
裾を折り上げる
裾を折り上げる
裾側
1-2

2 袖口を始末する

袖山線

袖（表）

縫い代にミシン

袖山線

→

袖（裏）

テープ布で縫い返す

袖口の縫い方

袖（表）

テープ布（裏）

1

↓

（表）

0.4〜0.5に
カット

→

（裏）

0.5〜0.6

縫い代を
くるんでミシン

テープ布
（表）

3 後ろ中心を縫う

前衿ぐり

後ろ
衿ぐり

前（裏）

左右の後ろ中心を
中表に合わせて縫う

ロックミシン

4 前衿ぐり、後ろ衿ぐりを始末する

テープ布で
縫い返す

後ろ（表）

前（裏）

テープ布

5 肩、袖山を縫い、スリットの始末をする

後ろ（表）

前の角を伸ばして合わせる

前（裏）

スリット止り

スリット止り

袖（裏）

袖口

↓

縫い代を後ろに倒して
押えミシン

縫い代を折ってステッチ

縫い代を後ろに倒して
押えミシン

袖（裏）

7 脇のタックをたたむ

A

前（表）

C

縫い代にミシン

縫い代にミシン

後ろ（表）

後ろ中心

D

はぎ目

B

後ろ裾（表）

縫い代にミシン

左脇

右脇

縫い代にミシン

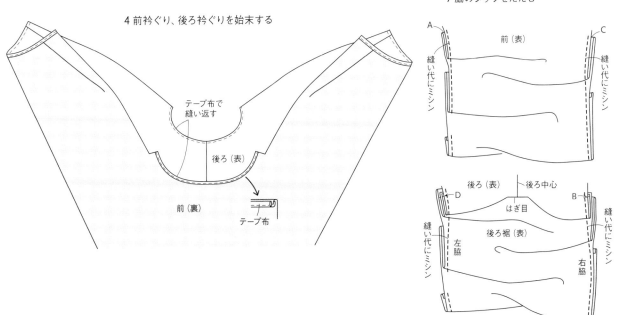

no.20 gather drape wrap dress

page 38

ギャザー ドレープ ラップ ドレス

◆**必要なパターン**（6面）
前後身頃（後ろ上、後ろ裾、右前上、右前裾を突き合わせる）、
左前身頃、袖

◆ **縫い方順序**

1　後ろ、右前身頃の裾とボー端、
　　左前身頃の裾の縫い代をそれぞ
　　れ折ってステッチ。

2　肩を縫う。→図

3　衿ぐりの縫い代を折ってステッ
　　チ。→図

4　後ろ左脇にギャザーを寄せて左
　　前身頃と縫い合わせる。→図

5　ボー左脇のタックをたたみ、ギ
　　ャザーを寄せて身頃の左脇に縫
　　いとめる。→図

6　左前端を右脇に縫いとめる。
　　→図

7　袖下、袖口の縫い代を折ってス
　　テッチ。→図

8　袖をつける。
　　袖下は振らした
　　まま仕上げる。

◆ **使用量**

表布（天竺）
＝155cm幅
1m90cm

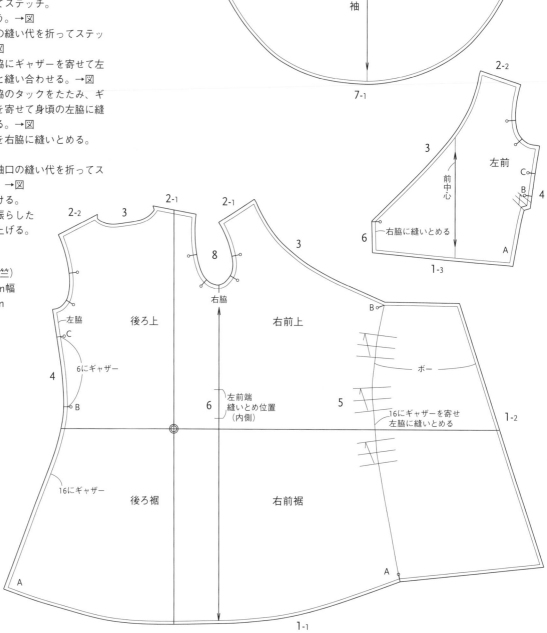

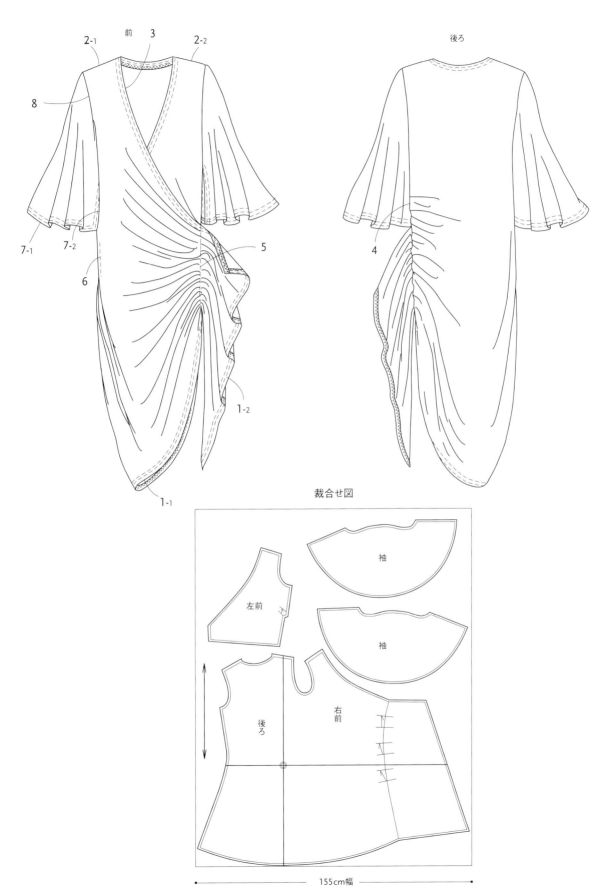

前　2-1　3　2-2

後ろ

8

7-1　7-2

6

5

1-2

4

1-1

裁合せ図

左前

袖

後ろ

右前

袖

155cm幅

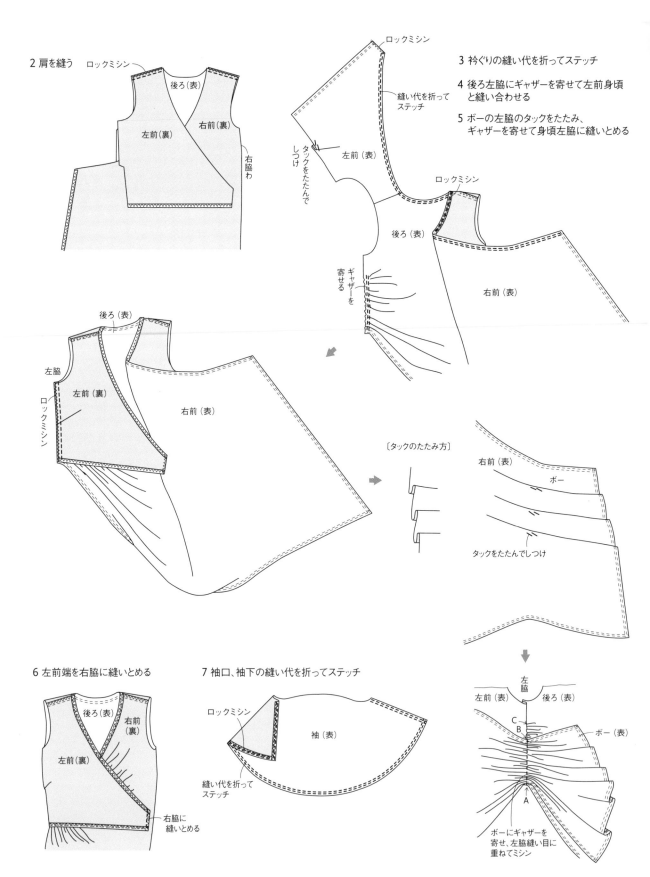

2 肩を縫う　ロックミシン

後ろ（表）

左前（裏）　　右前（裏）

右脇わ

ロックミシン

縫い代を折って
ステッチ

タックをたたんでしつけ

左前（表）

ロックミシン

後ろ（表）

ギャザーを寄せる

右前（表）

3 衿ぐりの縫い代を折ってステッチ

4 後ろ左脇にギャザーを寄せて左前身頃と縫い合わせる

5 ボーの左脇のタックをたたみ、ギャザーを寄せて身頃左脇に縫いとめる

後ろ（表）

左脇

ロックミシン

左前（裏）

右前（表）

〔タックのたたみ方〕

右前（表）

ボー

タックをたたんでしつけ

右前（表）

ボー

左脇

左前（表）　　後ろ（表）

C
B

ボー（表）

A

ボーにギャザーを寄せ、左脇縫い目に重ねてミシン

6 左前端を右脇に縫いとめる

後ろ（表）　右前（裏）

左前（裏）

右脇に縫いとめる

7 袖口、袖下の縫い代を折ってステッチ

ロックミシン

袖（表）

縫い代を折ってステッチ

ルーズ ドレープ タンクトップ

◆必要なパターン（3面）
前後身頃（前側と後ろ側を突き合わせる）

◆ 縫い方順序
1 後ろ中心を縫い合わせる。
2 衿ぐりを縁とりする。→図
3 袖ぐりを縁とりする。
4 肩を縫い合わせる。→図
5 裾を折り上げてステッチ。

◆ 使用量
　表布（レーヨンスムース）
　＝160cm幅
　（S、M）1m
　（ML、L）1m20cm

2 衿ぐりを縁とりする

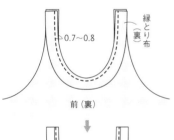

裁合せ図

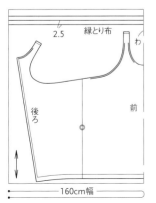

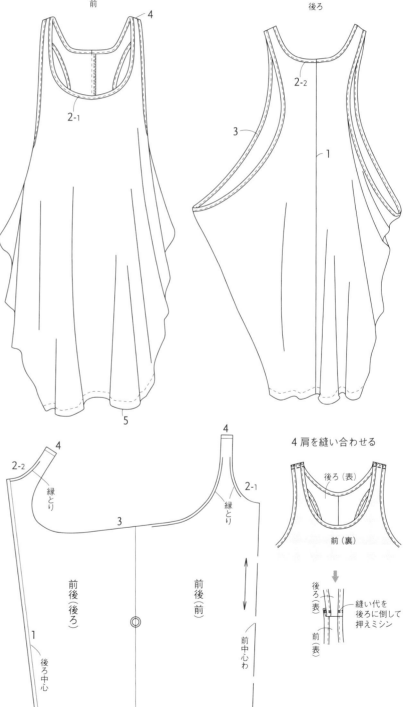

4 肩を縫い合わせる

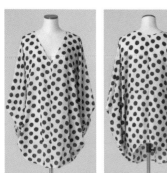

ドレープ ブラウス

◆必要なパターン（5面）
後ろ身頃、前身頃（上側、裾側を突き合わせる）

◆ 縫い方順序

1 肩スリットあきを三つ折り端ミ
　シンで始末する。→図
2 肩を袋縫いで縫う。→図
3 袖口を三つ折り端ミシンで始末
　する。
4 衿ぐりを三つ折り端ミシンで始
　末する。
5 後ろ身頃のA～Bを袋縫いで縫
　う。→図
6 後ろ中心を袋縫いで縫う。袖ぐ
　りを始末する。
7 前中心を袋縫いで縫う。
8 裾を三つ折り端ミシンで始末す
　る。
9 袖口を折り込んでとめる。→図

◆ 使用量

表布（布帛•プリント）
＝110cm幅3m

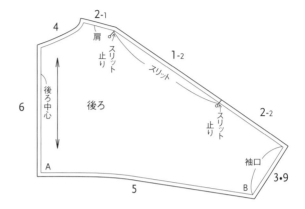

裁合せ図

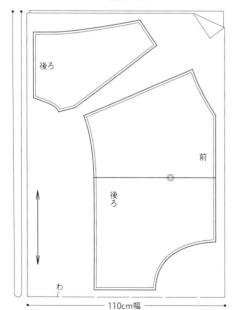

110cm幅

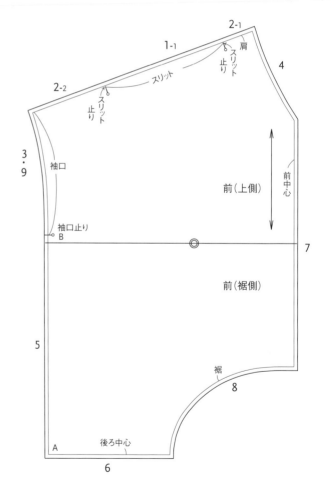

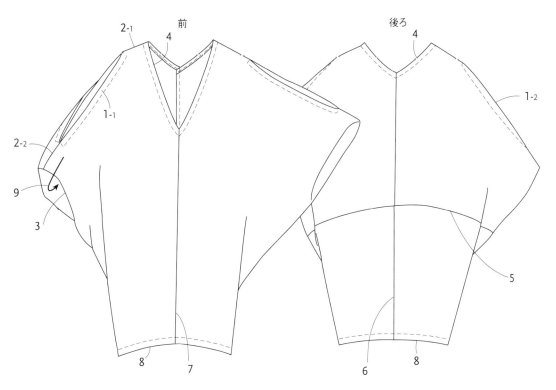

前　後ろ

2-1　4　4

1-1　1-2

2-2

9

3

8　7　6　8

5

1 肩スリットあきを三つ折り端ミシンで始末する

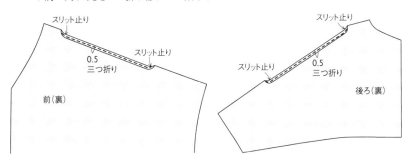

スリット止り　　　スリット止り

0.5　　　　　　　0.5
三つ折り　　　　　三つ折り
スリット止り　　　　スリット止り

前（裏）　　　　　後ろ（裏）

2 肩を袋縫いで縫う

〔袋縫い〕

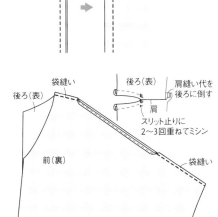

外表　　中表

0.4　0.6

（表）

袋縫い

後ろ（表）　　　　後ろ（表）　肩縫い代を
　　　　　　　　　　　　　後ろに倒す
　　　　　　　　　肩
　　　　　　　スリット止りに
　　　　　　　2〜3回重ねてミシン

前（裏）　　　　　　　　袋縫い

5 後ろ身頃のA〜Bを袋縫いで縫う

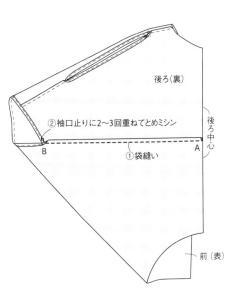

後ろ（裏）

②袖口止りに2〜3回重ねてとめミシン

後ろ中心

B　　①袋縫い　　A

前（表）

9 袖口を折り込んでとめる

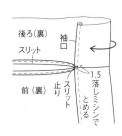

後ろ（裏）　袖口

スリット

前（裏）　　スリット止り　1.5
　　　　　　　　　　　落しミシンで
　　　　　　　　　　　とめる

no.23 drape drape gather dress

ドレープ ドレープ ギャザー ドレス

◆ 必要なパターン（2面）

前後身頃（上下左右を突き合わせる）、後ろ衿ぐり縁とり布、前衿ぐり縁とり布、
袖ぐり縁とり布

◆ 縫い方順序

1 肩を縫い合わせる。
2 後ろ中心を縫い合わせる。
3 袖ぐりを縁とりする。
4 後ろ衿ぐりにギャザーを寄せ
　（図）、タックをたたんで仮どめ
　をする。
5 衿ぐりを縁とりする。
6 裾を折り上げてステッチ。

◆ 使用量

表布（レーヨンスムース）
＝160cm幅
（S、M）1m50cm
（ML、L）1m60cm

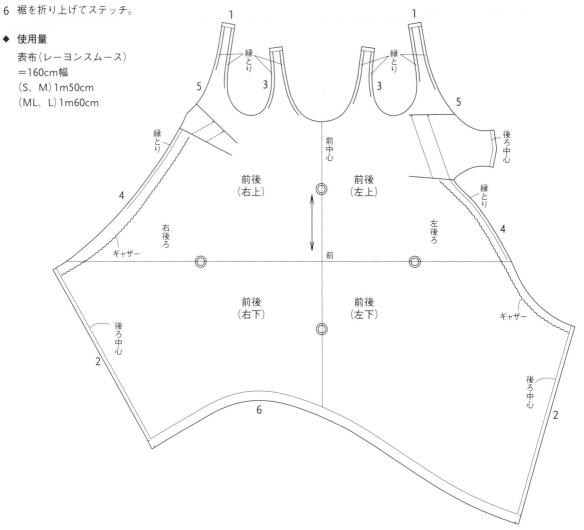

前　　　　　　　　　　　　　　　後ろ

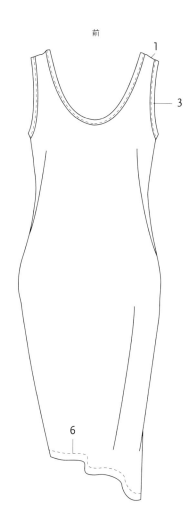
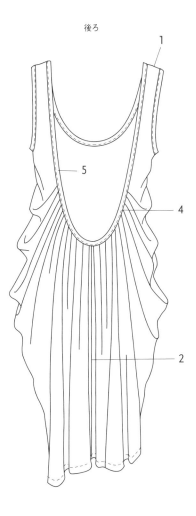

裁合せ図

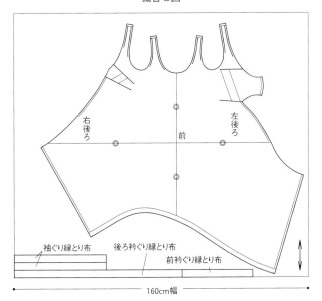

4 後ろ衿ぐりにギャザーを寄せる

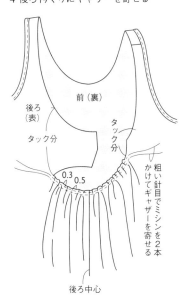

ギャザー ドレープ トップ

◆ **必要なパターン（5面）**

後ろ身頃、前身頃（上側、裾側を突き合わせる）、カフス

◆ **縫い方順序**

※ 後ろ衿ぐり縫い代に接着テープをはる。

1　後ろ衿ぐりを始末する。→図

2　見返し端縫い代を折ってステッチ。→図

3　肩〜袖山を縫う。→図

4　脇〜袖下を縫う。

5　裾を折り上げてステッチ。

6　カフスを作り、袖口につける。→図

◆ **使用量**

表布（コットン天竺）
＝150cm 幅2m

接着テープ（ニット用）
＝0.7cm 幅30cm

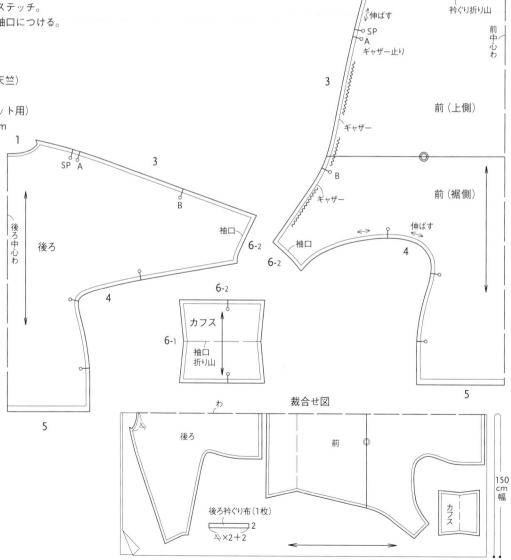

裁合せ図

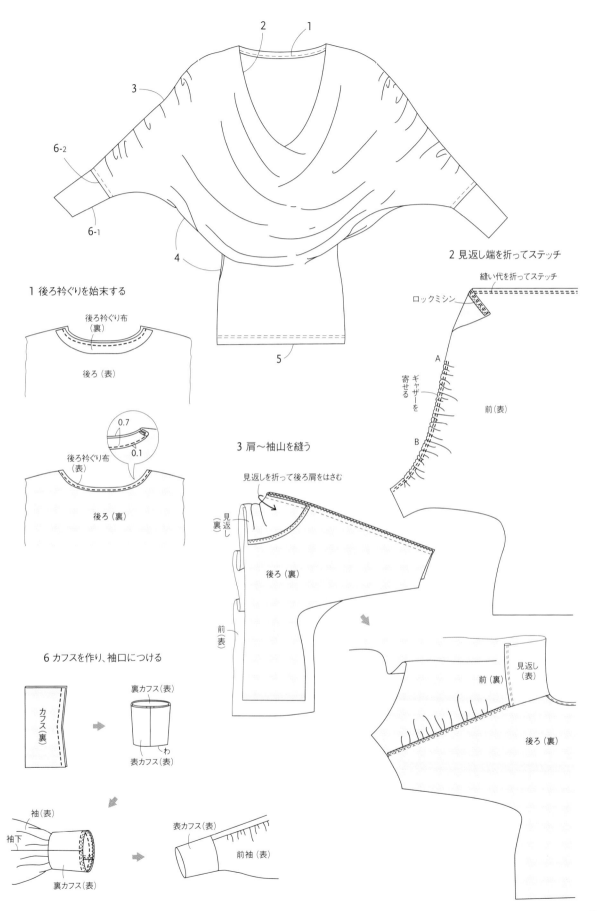

1 後ろ衿ぐりを始末する

後ろ衿ぐり布（裏）

後ろ（表）

0.7
0.1

後ろ衿ぐり布（表）

後ろ（表）

後ろ（裏）

2 見返し端を折ってステッチ

縫い代を折ってステッチ

ロックミシン

前（表）

A
ギャザーを寄せる
B

3 肩〜袖山を縫う

見返しを折って後ろ肩をはさむ

見返し（裏）

後ろ（裏）

前（表）

見返し（表）

前（裏）

後ろ（裏）

6 カフスを作り、袖口につける

カフス（裏）

裏カフス（表）

表カフス（表）

わ

袖（表）

袖下

裏カフス（表）

表カフス（表）

前袖（表）

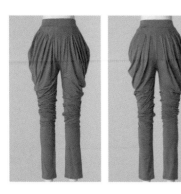

no.25 tuck drape pants

タック ドレープ パンツ

◆**必要なパターン（5面）**
前後パンツ（上側、裾側を突き合わせる）、
ウエストベルト（前・後ろ）

ウエストベルト

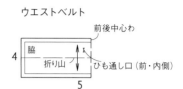

◆ **縫い方順序**

※ ひも通し口位置の裏面に接着芯
  をはる。

1 ウエストのタックを縫う。→図
2 股下を縫う。
3 股ぐりを縫う。→図
4 ウエストベルトを作る。→図
5 ウエストベルトをつける。→図
6 裾の始末をする。→図
7 ウエストベルトの内側にひもを
  通す。

◆ **使用量**

表布（コットン天竺）
＝150cm幅
（S）1m80cm、（M）1m90cm
（ML）2m、（L）2m10cm
接着芯（ニット用）＝適宜
ゴムテープ＝3.5cm幅を適宜
ひも＝1cm幅145cm

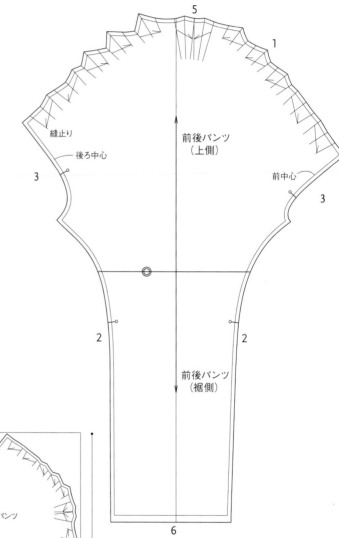

裁合せ図

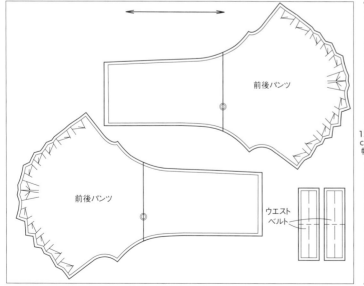

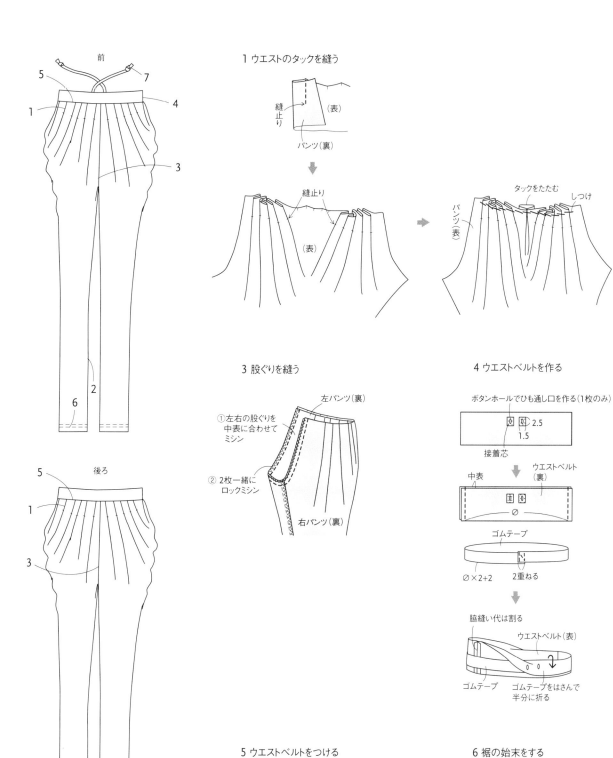

前

5　7
1
4
3
2
6

1 ウエストのタックを縫う

縫止り
パンツ（裏）
（表）

縫止り
（表）

タックをたたむ　しつけ
パンツ（表）

3 股ぐりを縫う

左パンツ（裏）
①左右の股ぐりを中表に合わせてミシン
②2枚一緒にロックミシン
右パンツ（裏）

4 ウエストベルトを作る

ボタンホールでひも通し口を作る（1枚のみ）
2.5
1.5
接着芯

中表　　ウエストベルト（裏）
∅

ゴムテープ
∅×2+2　2重ねる

脇縫い代は割る　ウエストベルト（表）
ゴムテープ　ゴムテープをはさんで半分に折る

後ろ

5
1
3
6　2

5 ウエストベルトをつける

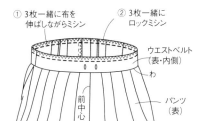

①3枚一緒に布を伸ばしながらミシン
②3枚一緒にロックミシン
ウエストベルト（表・内側）
わ
前中心
パンツ（表）

6 裾の始末をする

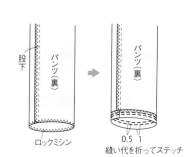

股下
パンツ（裏）
ロックミシン

パンツ（裏）
0.5　1
縫い代を折ってステッチ

佐藤ヒサコ　Hisako Sato

1986年、文化服装学院デザイン専攻科(現・文化服装学院アパレルデザイン科)卒業後、
大手アパレルメーカーに勤務。
1990年、「無印良品」衣料品デザイン担当。
1994年に独立。「beige shop」ブランドで東京コレクションデビュー。
2008年より「Rawtus」ブランドのデザイナーとしてコレクションを展開。
http://www.rawtus.com/

ブックデザイン	縄田智子　L'espace
レイアウト	森本由美(文化フォトタイプ)
撮影	戎 康友(cover、p.4〜48)
	藤本 毅(p.49〜53、57、58、62、66、69、70、72、77、78、80、82、84、87、90、92、94、97、105、114)
	安田如水(p.54〜56、74、100、102、108、111、112、116、118／文化出版局)
ヘア&メーク	茅根裕己
モデル	EmmaB、Jessica.B、Justine、Katie、Kotrnya、ocean moon
パターングレーディング	上野和博
作り方解説	百目鬼尚子、水野佳子
トレース	福島知子
校閲	向井雅子
編集	平山伸子
	三角紗綾子(文化出版局)
協力	ブラザーミシン工房(文化学園内) ロックミシン(p.53)

drape drape the best
ドレープ ドレープ ザ ベスト

2022年9月19日　第1刷発行

著　者　佐藤ヒサコ
発行者　濱田勝宏
発行所　学校法人文化学園　文化出版局
　　　　〒151-8524　東京都渋谷区代々木3-22-1
　　　　tel.03-3299-2487(編集)
　　　　tel.03-3299-2540(営業)
印刷・製本所　株式会社文化カラー印刷

本書は、2009年発行『ドレープドレープ』、2010年発行『ドレープドレープ2』、2011年発行『ドレープドレープ3』(すべて文化出版局刊)を
再編集、一部変更、加筆したものです。